JN037558

2024年度版

金融業務 **3** 級

財務コース

一般社団法人 金融財政事情研究会

◇本書についての注意事項◇

・「収益認識に関する会計基準（新収益認識基準）」および「収益認識に関する会計基準の適用指針」が、2021年4月1日以後に開始する連結会計年度および事業年度の期首から適用されています。ただし、新収益認識基準は、会社法上の大会社（資本金5億円以上または負債200億円以上の会社）や上場企業においては強制適用とされていますが、中小企業（監査対象法人以外）では、従来どおり企業会計原則等による会計処理が認められています。また、日本税理士会連合会、日本公認会計士協会、日本商工会議所および企業会計基準委員会の関係4団体が主体となって設置した中小企業の会計に関する指針作成検討委員会が2023年5月に公表したプレスリリースによれば、「新収益認識基準が上場企業等に適用された後に、その適用状況及び中小企業における収益認識の実態も踏まえ、検討する」としていることから、本書では、従来の企業会計原則等に基づいた会計処理についての出題を基本としています。

・本書において、問題文等に使用されている「▲」の表記は、その数値がマイナス値であることを示しています。

・本書の「解説と解答」において、割合を求める計算過程では、％表示にするための「×100」の表記を省略しています。

◇ は じ め に ◇

　本書は、金融業務能力検定「金融業務3級　財務コース」の受験者の学習の利便を図るためにまとめた試験問題集です。

　本書の構成は5章からなり、第4章までの各章では各テーマごとの問題を掲載しています。問題を解くことにより、アウトプットの訓練、知識の定着が図れるだけでなく、試験の出題方式などを体感することができます。また第5章では、皆さんの学習をよりよくサポートするため、ケーススタディ方式による総合問題を掲載しています。

　金融機関の行職員にとって、財務知識の習得は、融資の分野をはじめ業務上必要不可欠なものとなっています。財務分析での重要なポイントは、財務諸表の規則や各分析手法などを用いて総合的に企業実態を把握することにあります。断片的な知識ではなく、体系的に各分析手法を駆使して、企業体質や問題点を見出す力が求められます。

　そこで、本書は、単なる用語解説的な出題は極力避け、日常業務遂行にあたって必要なテーマに関連する問題を豊富に掲載しています。若干骨の折れる問題もありますが、ぜひともチャレンジして体系的な財務分析能力を身に付けてください。

　本書を有効に活用して「金融業務3級　財務コース」に合格され、信頼される金融機関の行職員としてご活躍されることを期待しています。

2024年3月

一般社団法人　金融財政事情研究会

検定センター

◇◇目　次◇◇

第2章　会計制度

第4章　資金分析・企業実態の把握等

第5章　総合問題

――〈法令基準日〉――

本書は、問題文に特に指示のない限り、2024年4月1日（基準日）現在施行の法令等に基づいて編集しています。

◇ CBT とは◇

　CBT（Computer-Based Testing）とは、コンピュータを使用して実施する試験の総称で、パソコンに表示された試験問題にマウスやキーボードを使って解答します。金融業務能力検定は、一般社団法人金融財政事情研究会が、株式会社シー・ビー・ティ・ソリューションズの試験システムを利用して実施する試験です。CBT は、受験日時・テストセンター（受験会場）を受験者自らが指定できるとともに、試験終了後、その場で試験結果（合否）を知ることができるなどの特長があります。

本書に訂正等がある場合には、下記ウェブサイトに掲載いたします。
https://www.kinzai.jp/seigo/

――〈凡　例〉――

・財務諸表等規則…財務諸表等の用語、様式及び作成方法に関する規則
・連結財務諸表規則…連結財務諸表の用語、様式及び作成方法に関する規則

「金融業務3級　財務コース」試験概要

　日常の業務を行ううえで、必要とされる企業財務に関する基礎知識を問うとともに、実務に即した問題を豊富に出題し、実務に際しての応用力、判断力を検証します。

■受験日・受験予約　　通年実施。受験者ご自身が予約した日時・テストセンター（https://cbt-s.com/examinee/testcenter/）で受験していただきます。

　　　　　　　　　　　受験予約は受験希望日の3日前まで可能ですが、テストセンターにより予約可能な状況は異なります。

■試験の対象者　　　　若手行職員　※受験資格は特にありません

■試験の範囲　　　　　1．財務諸表　2．会計制度　3．財務分析
　　　　　　　　　　　4．資金分析・企業実態の把握等

■試験時間　　　　　　100分　試験開始前に操作方法等の案内があります。

■出題形式　　　　　　四答択一式50問

■合格基準　　　　　　100点満点で60点以上

■受験手数料（税込）　5,500円

■法令基準日　　　　　問題文に特に指示のない限り、2024年4月1日現在施行の法令等に基づくものとします。

■合格発表　　　　　　試験終了後、その場で合否に係るスコアレポートが手交されます。合格者は、試験日の翌日以降、合格証をマイページからPDF形式で出力できます。

■持ち込み品　　　　　携帯電話、筆記用具、計算機、参考書および六法等を含め、自席（パソコンブース）への私物の持込みは認められていません。テストセンターに設置されている鍵付きのロッカー等に保管していただきます。メモ用紙・筆記用具はテストセンターで貸し出されます。計算問題については、試験画面上に表示される電卓を利用することができます。

■受験教材等　　　　　・本書
　　　　　　　　　　　・通信教育講座「3カ月マスター　財務コース」（一般社団法人金融財政事情研究会）

■受験申込の変更・ 　キャンセル	受験申込の変更・キャンセルは、受験日の3日前までマイページより行うことができます。受験日の2日前からは、受験申込の変更・キャンセルはいっさいできません。
■受験可能期間	受験可能期間は、受験申込日の3日後から当初受験申込日の1年後までとなります。受験可能期間中に受験（またはキャンセル）しないと、欠席となります。

※金融業務能力検定・サステナビリティ検定の最新情報は、一般社団法人金融財政事情研究会のWebサイト（https://www.kinzai.or.jp/kentei/news-kentei）でご確認ください。

第1章

財務諸表

1−1　財務分析の目的・手法

《問》財務分析における実数分析および比率分析に関する次の記述のうち、最も不適切なものはどれか。
1）趨勢法は、各勘定科目に適用することができ、主に損益計算書科目の伸率を捉えるために使用される。
2）動態比率とは、貸借対照表の2項目を選び、その相互関係から算出される比率のことである。
3）実数分析とは、財務資料の実数に基づき企業の財政状態や収益状況を分析する方法である。
4）増減法とは、2期間以上の財務諸表の比較に基づき分析項目の増減を検討する方法である。

・解説と解答・

1）適切である。趨勢法とは、ある決算期を基準として各勘定科目の数字を100とし、その後の決算期の実数を百分比で指数化して示す方法であり、各勘定科目に適用することができる。主に損益計算書科目の伸率を捉えるために使われる。
2）不適切である。動態比率は、損益計算書と貸借対照表の2項目の関係から算出される比率で、収益性や安全性の分析に用いられる。貸借対照表の2項目を選び、その相互関係から算出される比率は、静態比率といわれる。
3）適切である。実数分析とは、財務資料の実数に基づき企業の財政状態や収益状況を分析する方法であり、財務分析の基礎的方法として重視されている。実数分析の方法としては、内訳分析法や増減法などが挙げられる。
4）適切である。増減法とは実数分析の1つであり、2期間以上の財務諸表の比較に基づき、分析項目の増減を検討する方法である。比較貸借対照表・損益計算書分析、資金運用表分析、利益増減分析は、この増減法を応用したものである。

正解　2）

1 － 2　財務分析の留意点

《問》財務分析の留意点に関する次の記述のうち、最も不適切なものはどれか。
1 ）財務諸表は、原則として取得原価主義によって作成されているため、実態としての価値を表しているとは限らない。
2 ）財務諸表には、人的資源等が資産計上されていないため、企業の実態を把握するに際しては、定性的要因に留意する必要がある。
3 ）財務分析においては、同業他社との比較は意味をなさず、対象となる企業の期間比較のみが重要とされる。
4 ）財務諸表の情報だけで将来の予測を行うことは困難であることに留意する必要がある。

・解説と解答・

1 ）適切である。財務諸表は、原則として取得原価主義によって作成されている。つまり、特に不動産等の資産については含み損益が発生している場合がある。また、不良債権や不良在庫などについて、回収可能性の低下や収益性の低下が適切に反映されていない場合には、含み損を持つこととなる。
2 ）適切である。特に中小企業では、オーナー社長の経営手腕に依拠している部分が多く、当該企業の実態を把握するには、財務諸表以外の定性的要因も確認することが重要である。
3 ）不適切である。実数分析による場合は、期間比較、特に前期比較が重要であり、前期と比較してどのように変化したのかが分析上のポイントとなる。一方、比率分析による場合は、期間比較とともに同業他社との比較が重要とされる。
4 ）適切である。財務諸表は作成された過去の時点での資料に過ぎず、環境の変化が激しい今日では、財務諸表のみで将来の予測を行うことは困難といえる。

正解　3 ）

1－3　簿記の原理

《問》下記のように試算表における資産ならびに負債が構成されているときの純資産（資本）の額として、次のうち最も適切なものはどれか。

（単位：百万円）

現金・預金	204	長期借入金	690	貸倒引当金	18	短期借入金	430
商品	218	買掛金	597	売掛金	812	土地・建物	1,787

1）1,283百万円

2）1,286百万円

3）1,304百万円

4）1,322百万円

・解説と解答・

資産＝負債＋純資産（資本）という貸借対照表等式と、各勘定科目の資産・負債の区分を問うものである。

本問では、資産は「現金・預金」「売掛金」「貸倒引当金（控除項目）」「商品」「土地・建物」の5項目、負債は「買掛金」「短期借入金」「長期借入金」の3項目である。

したがって、純資産（資本）は、下記のとおりとなる。

（204百万円＋812百万円－18百万円＋218百万円＋1,787百万円）

　　－（597百万円＋430百万円＋690百万円）

　＝1,286百万円

正解　2）

1－4　仕訳（Ⅰ）

《問》下記の取引に伴う東京商事における仕訳として、次のうち最も適切なものはどれか。ただし、商品勘定は三分法によって処理することとする。

東京商事は A 商店から商品1,000,000円を仕入れ、代金のうち200,000円は現金で支払い、残額はかねてから売掛金のある B 商店宛てに為替手形800,000円を振り出し、同社の引受けを経て、A 商店に渡した。

```
1）（借方）仕入      1,000,000円    （貸方）現金       200,000円
                                          支払手形   800,000円
2）（借方）仕入      1,000,000円    （貸方）現金       200,000円
                                          買掛金     800,000円
3）（借方）仕入      1,000,000円    （貸方）現金       200,000円
                                          売掛金     800,000円
4）（借方）仕入        200,000円    （貸方）現金       200,000円
        受取手形   800,000円              支払手形   800,000円
```

・解説と解答・

　為替手形は、手形の振出人が名宛人に対し一定の期日に一定の金額を支払うことを委託する証券である。このため、振出人には支払手形勘定は生じない。名宛人が実質的な支払人になり、支払手形勘定が生ずることになる。

　本問では B 商店が名宛人（支払人）になり、東京商事では B 商店に対する売掛金を減少させるため、支払手形勘定は発生しない。したがって、本問は資産の増加（仕入）と資産の減少（現金・売掛金）となり、肢 3）が適切な仕訳となる。なお、参考として A 商店・B 商店の仕訳を示すと次のとおりである。

A 商店

（借方）現金　　　200,000円　　（貸方）売上　　　　1,000,000円
　　　　受取手形　800,000円

B 商店

（借方）買掛金　　800,000円　　（貸方）支払手形　　800,000円

正解　3）

1-5 仕訳（Ⅱ）

《問》下記の取引に伴う東京商事における仕訳として、次のうち最も適切なものはどれか。ただし、商品勘定は三分法によって処理することとする。

> 東京商事は、1,500,000円で仕入れていた商品をA社へ2,000,000円で販売し、代金を現金で受け取った。

1）（借方）仕入　1,500,000円　　（貸方）売上　2,000,000円
　　　　　利益　　 500,000円
2）（借方）仕入　1,500,000円　　（貸方）現金　2,000,000円
　　　　　利益　　 500,000円
3）（借方）売上　2,000,000円　　（貸方）現金　2,000,000円
4）（借方）現金　2,000,000円　　（貸方）売上　2,000,000円

・解説と解答・

　本問の仕訳は、資産の増加（現金2,000,000円）と収益の増加（商品の販売による売上2,000,000円）となるため、肢4）が適切な仕訳となる。なお、仕入については、仕入時において次の仕訳がなされている。

　　（借方）仕入　1,500,000円　　（貸方）現金等　1,500,000円
　したがって、ここでは仕入の仕訳については考慮する必要はない。

正解　4）

1－6　簿記の仕組み

《問》簿記の仕組みに関する次の記述のうち、最も適切なものはどれか。
1）仕訳帳または伝票によって行われた仕訳は、総勘定元帳に転記される。
2）商品販売契約の締結は、会計上の取引として認識される。
3）貸借対照表や損益計算書を作成するために勘定科目と金額を集めて1つの表に集計したものを、財産目録という。
4）貸借対照表と損益計算書は、ともに財産目録を基にして作成される。

・解説と解答・

1）適切である。総勘定元帳に転記された勘定科目と金額を集計して試算表を作成し、この試算表をもとに貸借対照表と損益計算書を作成することとなる。
2）不適切である。商品販売契約を締結した時点では、まだ商品が出荷されたわけではないので、会計上の取引とはならない。
3）不適切である。勘定科目と金額を集めて1つの表に集計したものを、試算表という。
4）不適切である。貸借対照表と損益計算書は、ともに試算表を基にして作成される。

正解　1）

1－7　費用の認識基準

> 《問》費用の認識基準に関する次の記述のうち、最も不適切なものはどれ
> か。
> 1）卸・小売業においては、期中の商品仕入額がその期の売上原価とな
> る。
> 2）製造業においては、期中の材料費、労務費、製造経費の合計が当期
> 総製造費用となる。
> 3）販売費及び一般管理費は、原則としてその期に発生したものを計上
> することとし、前払費用、未払費用などを調整しなければならな
> い。
> 4）営業取引以外の売買目的で所有している有価証券の売却損は、営業
> 外費用に計上される。

・解説と解答・

1）不適切である。売上原価算出の過程を見ると、卸・小売業では、「売上原
　価＝期首商品棚卸高＋当期商品仕入額－期末商品棚卸高」であり、期中仕
　入高に期首・期末の在高の加減が必要となる。

2）適切である。製造業においては次の過程をとる。
　売上原価＝期首製品棚卸高＋当期製品製造原価－期末製品棚卸高
　当期製品製造原価（完成品原価）＝期首仕掛品棚卸高＋当期総製造費用
　　　　　　　　　　　　　　　　　　－期末仕掛品棚卸高
　当期総製造費用（当期発生費用）＝材料費＋労務費＋製造経費

3）適切である。販売費及び一般管理費については、保険料や賃貸料などの当
　期に属する未払のもの（未払費用）、既に当期に支払済みであるが次期以
　降に属するもの（前払費用）などを決算整理において調整しなければなら
　ない。

4）適切である。営業取引以外の売買目的で所有している有価証券の売却損益
　は、一般に営業外費用・収益に計上され、主に長期保有を目的とする投資
　有価証券にかかる売却損益は、特別損失・特別利益に計上される。

正解　1）

1－8　営業収益の認識基準

《問》以下に掲げる営業収益の認識基準（①～④）と売上高計上時点（A
　　　～D）の組合せとして、次のうち最も適切なものはどれか。なお、
　　　本問においては、企業会計原則等による会計処理に基づくものと
　　　し、「収益認識に関する会計基準」は考慮しないものとする。

営業収益の認識基準	売上高計上時点
①販売基準 ②回収基準 ③工事進行基準 ④割賦基準	A：代金回収時 B：工事進行度合いに応ずる C：代金回収期限到来時 D：製品販売時

	①	②	③	④
1）	D	A	B	C
2）	C	A	B	D
3）	A	C	D	B
4）	D	C	B	A

・解説と解答・

　「収益－費用＝損益」で示される会計処理において、収益、特に営業収益
（主として売上高）を、いつの時点でいくらの金額を計上するかはきわめて重
要であり、いくつかの基準が決められている。

　最も通常の基準は、製（商）品の販売時点（D）で収益を認識する「販売基
準」であり、さらに、製（商）品の出荷時点で捉える「出荷基準」、それらの
販売先への引渡時点で捉える「引渡基準」、販売先が検収を済ませた時点で捉
える「検収基準」等に細分化されている。

　また、特別な基準として、販売代金の回収時点（A）で売上高に計上する「回
収基準」、長期請負工事など完成に長期を要する場合に適用される（工事の進
行に応じて逐次売上高を認識する）（B）「工事進行基準」等がある。

　さらに、割賦販売においては、各割賦金の回収期限到来時点（C）および回収
（入金）時点を売上実現とする「割賦基準」も認められている。

正解　1）

1-9 棚卸資産の評価

《問》A商店において、期中（4月1日～3月31日）の商品の受払いは、下記の〈資料〉のとおりである。決算整理において、商品の期末在庫の評価額を総平均法、先入先出法でそれぞれ計算した場合の組合せとして、次のうち最も適切なものはどれか。ただし、単価の計算に際しては、円未満の小数点以下第2位を四捨五入すること。

〈資料〉

	受　　入			払出 （数量）	残高 （数量）
	数量	単価	金額		
	（個）	（円）	（円）	（個）	（個）
①4月1日　期首繰越	800	300	240,000		800
②5月10日　仕入	2,000	350	700,000		2,800
③8月20日　売上				1,800	1,000
④11月10日　仕入	2,600	320	832,000		3,600
⑤1月20日　売上				3,000	600
⑥3月10日　仕入	1,400	280	392,000		2,000

```
　　（総平均法）　　（先入先出法）
1） 636,400円　　　560,000円
2） 625,000円　　　560,000円
3） 636,400円　　　584,000円
4） 625,000円　　　584,000円
```

・解説と解答・

　本問は、期末棚卸資産の評価方法を問う問題である。

総平均法：

$$単価 = \frac{（300円 \times 800個）+（350円 \times 2,000個）+（320円 \times 2,600個）+（280円 \times 1,400個）}{800個 + 2,000個 + 2,600個 + 1,400個}$$

$$= 318.23 \cdots 円 ≒ 318.2円$$

∴318.2円×2,000個＝636,400円

先入先出法：（320円×600個）+（280円×1,400個）＝584,000円

正解　3）

1−10 経過勘定項目

《問》決算整理で計上する経過勘定項目に関する次の記述のうち、最も不適切なものはどれか。

1）経過勘定項目は、取引対価の授受と損益の発生が期間的に一致しない場合に計上される。
2）前払費用や未収収益は、貸借対照表の負債の部に計上される。
3）前受収益や前払費用は、取引対価の授受がすでになされている場合に計上される。
4）未払費用の計上漏れがあると、利益が過大表示される。

●解説と解答●

経過勘定項目には、次の4つがある。
　　前払費用（資産勘定）
　　未払費用（負債勘定）
　　未収収益（資産勘定）
　　前受収益（負債勘定）

1）適切である。
2）不適切である。前払費用は、継続して役務（サービス）の提供を受けている場合に、いまだ提供されていない役務に対して支払った対価のことであり、時間の経過に伴い費用となることから、貸借対照表の「資産の部」に計上される。また、未収収益は、継続して役務（サービス）の提供を行っている場合に、既に提供した役務に対してその対価の支払を受けていないものをいい、時間の経過に伴い既に収益として発生しているものであるから、貸借対照表の「資産の部」に計上される（企業会計原則 注5）。
3）適切である（企業会計原則 注5）。
4）適切である。未払費用は費用の見越しであるから、未払費用が計上漏れになると、費用過小で利益過大となる。

正解　2）

1−11 決算整理（経過勘定の計上）

> 《問》決算整理に伴う下記の取引の仕訳として、次のうち最も適切なもの
> はどれか。
>
> > 20X0年7月1日、向こう1年分の保険料（掛捨ての損害保険料）
> > として1,200,000円を現金で支払済みであったが、20X1年3月31日
> > 決算に伴い、費用の繰延べを行った。なお、保険料の計算は月単位
> > で行い、月ごとの日数の違いは考慮しないものとする。
>
> （借　方）　　　　　　　　（貸　方）
> 1）保険料　　　300,000円　　現金　　300,000円
> 2）前払保険料　300,000円　　保険料　300,000円
> 3）保険料　　　900,000円　　現金　　900,000円
> 4）前払保険料　900,000円　　保険料　900,000円

・解説と解答・

　20X0年7月1日における保険料一括支払時の仕訳は「（借方）保険料
1,200,000円（貸方）現金　1,200,000円」であるが、20X1年3月31日（9カ
月経過時点）に残り3カ月分 $\left(1,200,000円 \times \dfrac{3}{12} = 300,000円\right)$ を繰り延べる
（戻す）こととなる。

　すなわち、「（借方）前払保険料　300,000円　（貸方）保険料　300,000円」
の仕訳となる。

正解　2）

1－12　貸倒引当金の仕訳

《問》決算整理に伴う下記の取引の仕訳として、次のうち最も適切なものはどれか。

前期末に設定した貸倒引当金は250,000円であった。期末にあたり、洗替方式で貸倒引当金300,000円を設定した。

	（借　方）		（貸　方）	
1）	貸倒引当金繰入	300,000円	貸倒引当金	300,000円
2）	貸倒引当金	250,000円	貸倒引当金戻入	250,000円
3）	貸倒引当金	250,000円	貸倒引当金戻入	250,000円
	貸倒引当金繰入	300,000円	貸倒引当金	300,000円
4）	貸倒引当金	300,000円	貸倒引当金繰入	300,000円
	貸倒引当金戻入	250,000円	貸倒引当金	250,000円

・解説と解答・

貸倒引当金の設定方法には、洗替方式と差額補充方式がある。

洗替方式では、前期末（残存）貸倒引当金を全額戻し入れ、期末に新たに繰入設定する（前期末分を収益に、当期末分を費用に計上する）。したがって、肢3）のように前期末分を戻し入れ（収益計上）、当期末分を繰り入れる（費用計上）仕訳となる。

通常、貸倒引当金は資産（売掛金等）の控除項目として計上される。

なお、参考までに差額補充方式による仕訳を示すと、次のようになる。

（借方）貸倒引当金繰入　　50,000円　　（貸方）貸倒引当金　　50,000円

正解　3）

1－13　定額法による減価償却費の計算

《問》 K社は、20X0年4月1日に2,520,000円で取得した機械装置について、20X1年3月31日に決算整理（年1回）を行った。当該機械装置に対する減価償却費の計上に関する仕訳として、次のうち最も適切なものはどれか。なお、当該機械装置の減価償却方法は、耐用年数10年の定額法による償却（残存価額なし）とし、減価償却費の計上は直接法によるものとする。

	（借　方）		（貸　方）	
1）	減価償却費	226,800円	機械装置	226,800円
2）	減価償却費	252,000円	減価償却累計額	252,000円
3）	機械装置	252,000円	減価償却費	252,000円
4）	減価償却費	252,000円	機械装置	252,000円

・解説と解答・

　減価償却とは、長期にわたって使用できる固定資産などについて、取得経費全額を取得時に計上するのではなく、複数期間に分割して計上することで、収益と費用とを対応させようとする会計上の仕組みである。

　定額法による減価償却費は、次の算式で計算される。

　減価償却費＝対象資産の取得価額÷耐用年数

　　　　　　＝2,520,000円÷10年

　　　　　　＝252,000円

　なお、直接法による減価償却費の計上は、対象資産の帳簿価額を直接減額する仕訳を行う。

正解　4）

1－14　連結財務諸表（Ⅰ）

《問》わが国における連結財務諸表に関する次の記述のうち、最も不適切なものはどれか。

1）のれんは連結貸借対照表の資産の部に計上され、負ののれん発生益は連結損益計算書の収益（特別利益）に計上される。

2）わが国においては、連結対象会社の範囲は支配力基準によって決定される。

3）会社法では、大会社であって金融商品取引法に定める有価証券報告書の提出義務のある会社は、連結計算書類の作成義務があるとされる。

4）連結損益計算書に表示される当期純利益には、非支配株主に帰属する当期純利益は含まれていない。

・解説と解答・

1）適切である。のれんは、連結貸借対照表の資産の部に無形固定資産として計上される（連結財務諸表規則28条）。また、負ののれん発生益は、連結損益計算書の特別利益に計上される（同規則62条）。

2）適切である。連結の範囲の決定には、「持株比率基準」と「支配力基準」の2つの基準がある。わが国においては、従来は持株比率基準に基づいて連結の範囲を決定していたが、2000年3月決算以降は支配力基準に移行している（会社計算規則63条）。

3）適切である（会社法444条3項）。

4）不適切である。連結損益計算書の「当期純利益」は、「親会社株主に帰属する当期純利益」と「非支配株主に帰属する当期純利益」を合算したものである（連結財務諸表規則65条4項）。なお、「非支配株主に帰属する当期純利益（損失）」とは、子会社が完全子会社等（親会社が株式または持分のすべてを有する子会社）でない場合の、連結決算における親会社に帰属しない当期純利益（損失）を指す。

正解　4）

1－15 連結財務諸表（Ⅱ）

《問》わが国における連結財務諸表に関する次の記述のうち、最も不適切なものはどれか。

1）子会社が議決権の過半数を所有する孫会社、および親会社と子会社または複数の子会社で過半数の議決権を所有している会社も、子会社として扱われる。

2）関連会社で、財務および営業の方針決定に重要な影響を与えている親会社の持株比率が20％超50％以下の会社は、原則として持分法の適用会社とならない。

3）一般に、連結利益が親会社個別の利益より小さい場合は、子会社自体に赤字が多いこと、親子会社間の未実現利益が多いことなどの要因によることが多い。

4）純資産が連結によって減少する場合は、子会社が債務超過の状態になっているか、子会社との取引にかかる資産に含まれていた多額の未実現利益の消去などが原因であり、注意が必要である。

・解説と解答・

1）適切である。なお、連結範囲については、議決権の過半数を実質的に所有している場合だけでなく、50％以下であっても意思決定機関を支配している事実によって連結対象になる（「連結財務諸表に関する会計基準」7）。

2）不適切である。本肢の会社は持分法の適用対象となる。なお、議決権の所有割合が20％未満であっても、財務および営業方針の決定に重要な影響を与えることができる一定の事実がある場合は、原則として持分法の適用がある（「持分法に関する会計基準」5－2）。

3）適切である。連結財務諸表は、連結会社の個別財務諸表をいったんすべて合算し、投資と資産、内部取引などを相殺消去することによって作成する。連結財務諸表の作成手順（簡略）は次のとおり（「連結財務諸表に関する会計基準」18～40）。
①個別財務諸表の単純合算
②親会社の投資勘定と子会社の資本勘定の相殺消去
③連結会社相互間の債権債務の相殺消去
④連結会社相互間の内部取引の相殺消去

　　⑤連結会社相互間の取引において発生した未実現利益の相殺消去

4）適切である。肢3）の解説を参照。

正解　2）

1－16　貸借対照表の構造・様式・配列

《問》資産・負債の流動・固定分類に関する以下の文章の空欄①および②
にあてはまる語句の組合せとして、次のうち最も適切なものはどれ
か。

　　資産・負債の流動・固定分類の基準として正常営業循環基準が適
　用されているとき、満期日が2年後の（　①　）や在庫の底だまり
　である恒常在庫品は、（　②　）に分類される。

1）①貸付金　　　　②固定資産
2）①受取手形　　　②固定資産
3）①受取手形　　　②流動資産
4）①貸付金　　　　②流動資産

・解説と解答・

　商品の仕入・売上の一連の流れを営業循環といい、この営業循環の流れに含
まれている項目をすべて流動項目（流動資産または流動負債）として扱うのが
「正常営業循環基準」であるので、現金、受取手形、売掛金、商品、支払手形
および買掛金はすべて流動項目となる。これにより、たとえば満期日が2年後
の受取手形や在庫の底だまりである恒常在庫品も流動資産となる。

　したがって、資産・負債の流動・固定分類の基準として正常営業循環基準が
適用されているとき、満期日が2年後の（①受取手形）や在庫の底だまりであ
る恒常在庫品は、（②流動資産）に分類される。

正解　3）

1 − 17　貸借対照表の勘定科目（Ⅰ）

《問》以下の〈資料〉から算出される仕入債務残高として、次のうち最も
　　適切なものはどれか。なお、仕入債務残高の計算にあたっては、百
　　万円単位の小数点以下第 1 位を四捨五入すること。

　　　　〈資料〉

月平均売上高	23百万円
仕入債務回転率	8.0回

　1）　　3百万円
　2）　15百万円
　3）　35百万円
　4）184百万円

・解説と解答・

　「仕入債務回転期間（月）＝仕入債務÷月平均売上高＝12÷仕入債務回転率
（回）」を応用して仕入債務残高を計算すると、

　　　仕入債務残高＝月平均売上高×（12÷仕入債務回転率）
　　　　　　　　　＝23百万円×（12÷8.0回）
　　　　　　　　　＝23百万円×1.5カ月
　　　　　　　　　＝34.5百万円 ≒ 35百万円

正解　3）

1 −18 貸借対照表の勘定科目（Ⅱ）

《問》以下の資産を貸借対照表に計上する場合に区分される項目と勘定科目との組合せとして、次のうち最も適切なものはどれか。
    （項目）   （勘定科目）
  1 ）出資金   − 純資産の部
  2 ）短期貸付金 − 投資その他の資産
  3 ）自己株式   − 当座資産
  4 ）株式交付費 − 繰延資産

・解説と解答・

1 ）不適切である。出資金は「投資その他の資産」に区分される（会社計算規則74条 3 項 4 号、財務諸表等規則31条）。

2 ）不適切である。短期貸付金は「流動資産」に区分される（財務諸表等規則17条、19条）。

3 ）不適切である。自己株式は「純資産の部」に区分される（会社計算規則76条 2 項、財務諸表等規則66条）。

4 ）適切である。本肢のほか、創立費、開業費、社債発行費などが繰延資産に区分される（財務諸表等規則36条）。

正解　4 ）

1－19　貸借対照表の勘定科目（Ⅲ）

《問》貸借対照表の資産項目に関する次の記述のうち、最も不適切なものはどれか。

1）繰延資産は、会社計算規則によって相当の償却を行うこととされている。

2）土地は、原則として取得原価で表示されており、減価償却の対象資産ではない。

3）手元流動性には、現金・預金に加え、売上債権および短期所有の有価証券が含まれる。

4）貸倒引当金は、原則として各資産科目からの控除形式で表示する。

・解説と解答・

1）適切である（会社計算規則84条）。

2）適切である。

3）不適切である。手元流動性とは、現金・預金や短期所有の有価証券など、換金性が高く、すぐに支払いに充当できる資金のこと。手元流動性が高いほど固定費の支払いや債務の返済に対する余力があるといえる。なお、短期的な支払い能力を見る指標として手元流動性比率があり、この比率が高いほど支払い能力が高い。

$$手元流動性比率（\%）＝\frac{現金・預金＋短期所有の有価証券}{売上高}$$

したがって、手元流動性には売上債権は含まれない。

4）適切である（会社計算規則78条、財務諸表等規則20条）。

正解　3）

1－20　損益計算書の構造・様式

> 《問》損益計算書に関する次の記述のうち、適切なものはいくつあるか。
> ①一般に販売費及び一般管理費には、製造部門や営業部門、管理部門の
> 　人件費が含まれる。
> ②損益計算書の営業損益の区分では、売上高から売上原価を差し引いて
> 　売上総利益を表示し、さらにそこから販売費及び一般管理費を差し引
> 　いて経常利益を表示する。
> ③損益計算書は、継続企業における一定期間の経営成績を明らかにする
> 　財務諸表であり、この経営成績は期間損益によって明らかにされる。
> 　1）1つ　　2）2つ　　3）3つ　　4）0（ゼロ）

・解説と解答・

①不適切である。一般に、販売費及び一般管理費には、営業部門や管理部門の
　人件費や物件費等が含まれる。なお、製造部門の人件費については、売上原
　価に計上される。

②不適切である。損益計算書の営業損益の区分では、売上高から売上原価を差
　し引いて売上総利益を表示し、さらにそこから販売費及び一般管理費を差し
　引いて営業利益を表示する（企業会計原則 第二―二）。

③適切である。

正解　1）

1－21　販売費及び一般管理費

《問》以下の〈資料〉から算出される販売費及び一般管理費として、次の
うち最も適切なものはどれか。なお、下記〈資料〉の企業は卸売業
とする。

〈資料〉　　　　　　　　　　　　　　　（単位：百万円）

給料手当	360	交際費	45
広告宣伝費	75	支払利息	36
固定資産売却損	30	水道光熱費	15
減価償却費	24	雑費	18
旅費交通費	60		

1）573百万円
2）597百万円
3）627百万円
4）633百万円

・解説と解答・

　卸売業であるから、販売費及び一般管理費は、給料手当、広告宣伝費、減価
償却費、旅費交通費、交際費、水道光熱費、雑費の合計で求められる。

　したがって、以下のように計算できる。

販売費及び一般管理費＝給料手当＋広告宣伝費＋減価償却費＋旅費交通費
＋交際費＋水道光熱費＋雑費
＝360百万円＋75百万円＋24百万円＋60百万円
＋45百万円＋15百万円＋18百万円
＝597百万円

なお、固定資産売却損は特別損失、支払利息は営業外費用となる。

正解　2）

1－22　営業利益の計算

《問》以下の〈資料〉から算出される営業利益として、次のうち最も適切
　　なものはどれか。

〈資料〉　　　　　　　　　　　　　　　　　（単位：百万円）

期首仕掛品棚卸高	88	材料費	628
期末仕掛品棚卸高	90	労務費	408
期首製品棚卸高	74	製造経費（注）	196
期末製品棚卸高	78	広告宣伝費	54
給料手当(本社関係)	136	減価償却費（工場）	50
支払利息	9	減価償却費（本社）	16
		売上高	1,600

※製造経費には、減価償却費は含まれていない。

1）　97百万円
2）106百万円
3）109百万円
4）118百万円

● 解説と解答 ●

営業利益算出までの手順は、下記のとおりである。

　当期総製造費用＝材料費＋労務費＋製造経費
　当期製品製造原価＝期首仕掛品棚卸高＋当期総製造費用
　　　　　　　　　　－期末仕掛品棚卸高
　当期売上原価＝期首製品棚卸高＋当期製品製造原価－期末製品棚卸高
　営業利益＝売上高－売上原価－販売費及び一般管理費

上記算式を参考に計算すると、

　当期総製造費用＝材料費＋労務費＋（製造経費＋減価償却費（工場））
　　　　　　　　＝628百万円＋408百万円＋（196百万円＋50百万円）
　　　　　　　　＝1,282百万円

　当期製品製造原価＝期首仕掛品棚卸高＋当期総製造費用
　　　　　　　　　　－期末仕掛品棚卸高
　　　　　　　　＝88百万円＋1,282百万円－90百万円＝1,280百万円

　　当期売上原価＝期首製品棚卸高＋当期製品製造原価－期末製品棚卸高

　　　　　　　　＝74百万円＋1,280百万円－78百万円

　　　　　　　　＝1,276百万円

∴営業利益＝売上高－売上原価－販売費及び一般管理費

　　　　　　＝1,600百万円－1,276百万円－(136百万円＋54百万円

　　　　　　　＋16百万円)

　　　　　　＝118百万円

なお、支払利息は営業外費用である。

正解　4)

1−23　各種利益の算出

《問》以下の〈資料〉から算出される「売上総利益」と「営業利益」の組合せとして、次のうち最も適切なものはどれか。

〈資料〉　　　　　　　　　　　　　　　　　　　　　　　（単位：千円）

総売上高	573,250	期首商品棚卸高	71,655
売上値引	45,860	期末商品棚卸高	69,878
売上割引	68,786	販売費及び一般管理費	74,523
売上割戻	5,735	営業外収益	132
仕入高	351,457	支払利息	3,441

	（売上総利益）	（営業利益）
1）	99,635千円	25,112千円
2）	220,016千円	25,112千円
3）	168,421千円	93,898千円
4）	220,016千円	145,493千円

●解説と解答●

　売上高の計算では、売上値引および売上割戻は控除対象であるが、売上割引は金融費用として営業外費用とする。したがって、売上総利益および営業利益の計算は次のとおりとなる。

（純）売上高＝総売上高−売上値引−売上割戻
　　　　　　＝573,250千円−45,860千円−5,735千円
　　　　　　＝521,655千円

売上原価＝期首商品棚卸高＋仕入高−期末商品棚卸高
　　　　　＝71,655千円＋351,457千円−69,878千円
　　　　　＝353,234千円

∴売上総利益＝（純）売上高−売上原価
　　　　　　＝521,655千円−353,234千円
　　　　　　＝168,421千円

∴営業利益＝売上総利益−販売費及び一般管理費
　　　　　＝168,421千円−74,523千円
　　　　　＝93,898千円

正解　3）

1－24　営業外収益・費用の計上

《問》商品販売業を営む企業の損益計算書における営業外収益・営業外費用の計上について、次のうち最も不適切なものはどれか。
1）受取利息、支払利息は、それぞれ営業外収益、営業外費用に計上される。
2）受取配当金、支払配当金は、それぞれ営業外収益、営業外費用に計上される。
3）売買目的で保有する有価証券の売却益、売却損は、それぞれ営業外収益、営業外費用に計上される。
4）仕入割引、売上割引は、それぞれ営業外収益、営業外費用に計上される。

・解説と解答・

1）適切である（財務諸表等規則90条、93条）。
2）不適切である。受取配当金は営業外収益に計上されるが（財務諸表等規則90条）、支払配当金は、当期純利益計上後の剰余金の分配であり、株主資本等変動計算書に記載される。
3）適切である（財務諸表等規則90条、93条）。
4）適切である。仕入割引とは、商品等を購入したことで発生した買掛金を期日前に支払ったことにより、掛代金の一部の免除を受けることをいう。仕入割引は、損益計算書上、仕入値引や仕入割戻のように仕入高から直接控除するのではなく、営業外収益に計上する。また、売上割引とは、商品等を販売したことで発生した売掛金が期日前に支払われたことにより、掛代金の一部を免除することをいう。売上割引は、損益計算書上、売上値引や売上割戻のように総売上高から直接控除するのではなく、営業外費用に計上する。

正解　2）

1-25　経常利益の計算

《問》以下の〈資料〉から算出される経常利益として、次のうち最も適切
　なものはどれか。

〈資料〉

科目	金額
営業利益	52,800千円
売上割戻	2,380千円
売上割引	19,250千円
売買目的有価証券売却損	3,720千円
仕入割引	8,350千円

1）27,450千円
2）35,800千円
3）38,180千円
4）40,560千円

● 解説と解答 ●

　営業利益から経常利益を算出するときに反映する「営業外損益」に含まれる
項目は、売上割引（マイナス項目）、売買目的有価証券売却損（マイナス項
目）、仕入割引（プラス項目）である。

　経常利益＝営業利益－売上割引－売買目的有価証券売却損＋仕入割引
　　　　　＝52,800千円－19,250千円－3,720千円＋8,350千円
　　　　　＝38,180千円

正解　3）

1 −26　法人税等の金額

《問》以下の〈資料〉に関する次の記述のうち、最も不適切なものはどれ
　　　か。なお、当該企業は予定申告を行っている。

〈資料〉

貸借対照表（抜粋）			損益計算書（抜粋）		
科　　目	前期末	当期末	科　　目	前　　期	当　　期
未払法人税等	45百万円	50百万円	法人税、住民税及び事業税	80百万円	90百万円

1 ）当期の課税所得（利益）に対して支払うべき法人税等の額は、90百
　　万円である。
2 ）当期中に支出した法人税等の額は、85百万円である。
3 ）当期の法人税等の中間納付額は、45百万円である。
4 ）当期末の法人税等の未払金額は、50百万円である。

・解説と解答・

　損益計算書における法人税等は、その期の利益に対して支払うべきものであ
る。 1 年決算の場合、 6 カ月経過した時点でその半期分を見込むか、前期の半
分の額を中間納付し、期末決算が確定した時点で中間納付を除いた確定部分を
未払法人税等として貸借対照表に残し、次期へ繰り越す。
　肢 1 ）および肢 4 ）は記述のとおり適切である。肢 2 ）における、当期中に
支出した法人税等の額は、前期末未払分45百万円と当期中間納付分40百万円
（90百万円− 50百万円）の合計85百万円であり、適切である。一方、肢 3 ）に
おける、当期中間納付分は40百万円（90百万円− 50百万円）であるため、不適
切である。

正解　3 ）

1−27　株主資本等変動計算書

《問》株主資本等変動計算書に関する次の記述のうち、最も不適切なもの
はどれか。

1）株主資本等変動計算書は、貸借対照表の純資産の部の1会計期間に
おける変動額および変動事由を報告するための計算書である。

2）期中に剰余金の処分など、純資産に影響を与える事象が生じた場
合、損益計算書では変動額のみが示され、株主資本等変動計算書で
は変動額および変動事由が示される。

3）損益計算書の末尾に表示される項目は当期純利益金額までであり、
前期繰越利益等の項目は損益計算書には記載されない。

4）株主資本等変動計算書に表示される各項目の前期末残高（遡及処理
は行われない）は、前事業年度の貸借対照表の純資産の部における
各項目の期末残高と整合している。

・解説と解答・

1）適切である。株主資本等変動計算書は、貸借対照表の純資産の部の1会計
期間における変動額のうち、主として株主（連結の場合は親会社株主）に
帰属する部分である株主資本の各項目の変動事由を報告することを目的と
している（「株主資本等変動計算書に関する会計基準」1）。

2）不適切である。期中に剰余金の処分等、純資産に影響を与える事象が生じ
た場合、株主資本等変動計算書では、貸借対照表の純資産の部における株
主資本の各項目が、当期首残高、当期変動額および当期末残高に区分さ
れ、当期変動額は変動事由ごとにその金額を表示することとなる（「株主
資本等変動計算書に関する会計基準」6）。損益計算書には、特段表示は
されない。

3）適切である。以前は当期未処分利益（または当期未処理損失）は、損益計
算書の末尾において当期純利益（または当期純損失）に前期繰越利益（ま
たは前期繰越損失）等を加減して計算されていたが、平成17年会計基準を
適用し株主資本等変動計算書を作成するときから、損益計算書の末尾は当
期純利益（または当期純損失）とされた（「株主資本等変動計算書に関す
る会計基準」13、28）。

4）適切である。株主資本等変動計算書は、貸借対照表の純資産の部における

株主資本の変動額および変動事由を把握するためのものであることから、株主資本等変動計算書の各項目の前期末残高と貸借対照表の純資産の部における各項目の前期末残高とは整合している必要がある（「株主資本等変動計算書に関する会計基準」5）。

<u>正解　2）</u>

1－28 製造原価の計算

《問》以下の〈資料〉から算出される製造勘定より製品勘定に振り替えられる当期の製造原価として、次のうち最も適切なものはどれか。

〈資料〉

(イ)材料の消費に関する事項

期首材料　120,000円　　当期材料仕入高　5,940,000円

期末材料　180,000円

(ロ)人件費に関する事項

製造関係者分の労務費合計　　3,720,000円

販売関係者分の給料手当合計　2,940,000円

(ハ)経費に関する事項

外注加工費　1,860,000円（この他に未払い250,000円がある）

工場家賃　　1,300,000円（うち100,000円は翌期計上分の前払いである）

(ニ)仕掛品に関する事項

期首仕掛品　　なし

期末仕掛品　1,550,000円

1）10,190,000円

2）10,920,000円

3）11,360,000円

4）13,130,000円

・解説と解答・

　製造原価は、製造勘定の借方に集計された材料費、労務費、経費の当期の消費額の合計額（当期総製造費用）に期首仕掛品残高を加え、期末仕掛品残高を控除した額として求める（当期製品製造原価）。したがって、本問では以下のとおりとなる。

　①材料費＝期首材料残高＋当期材料仕入高－期末材料残高

　　　　　＝120,000円＋5,940,000円－180,000円＝5,880,000円

　②労務費は、製造関係者分のみで3,720,000円

③経費＝外注加工費＋家賃
　　　　＝(1,860,000円＋250,000円)＋(1,300,000円－100,000円)
　　　　＝3,310,000円
④製造原価＝(①＋②＋③)＋期首仕掛品残高－期末仕掛品残高
　　　　　＝(5,880,000円＋3,720,000円＋3,310,000円)＋0円
　　　　　　－1,550,000円
　　　　　＝11,360,000円

<u>正解　3）</u>

1-29　製造原価・売上原価の算出

《問》以下の〈資料〉から算出される「当期製品製造原価」と「売上原価」の組合せとして、次のうち最も適切なものはどれか。

〈資料〉 （単位：百万円）

期首仕掛品棚卸高	584	材　料　費	2,456
期末仕掛品棚卸高	728	労　務　費	392
期首製品棚卸高	944	製造経費	416
期末製品棚卸高	816		

　　（当期製品製造原価）　　（売上原価）
1）3,120百万円　　　　　　3,248百万円
2）3,120百万円　　　　　　3,264百万円
3）3,264百万円　　　　　　3,210百万円
4）3,264百万円　　　　　　3,248百万円

● 解説と解答 ●

　当期製品製造原価
　　＝期首仕掛品棚卸高＋当期総製造費用－期末仕掛品棚卸高
　　＝584百万円＋（2,456百万円＋392百万円＋416百万円）－728百万円
　　＝3,120百万円
　なお、当期総製造費用とは、材料費、労務費、製造経費を合計した、当期に発生した費用のことである。
　売上原価
　　＝期首製品棚卸高＋当期製品製造原価－期末製品棚卸高
　　＝944百万円＋3,120百万円－816百万円
　　＝3,248百万円

正解　1）

1 −30　売上原価

《問》売上原価に関する次の記述のうち、最も不適切なものはどれか。

1 ）小売業の場合、売上原価は、期首商品棚卸高に当期商品仕入高を加算し、期末商品棚卸高を減算して算出される。
2 ）建設業の場合、売上原価は「完成工事原価」、仕掛品は「未成工事支出金」という科目名で財務諸表上に表示される。
3 ）製造業において、期末商品棚卸高を過大に評価すると、売上原価も過大に評価される。
4 ）商業、製造業とも、売上高から売上原価を減算して売上総利益が算出される。

・解説と解答・

1 ）適切である。
2 ）適切である。建設業においては、売上原価は「完成工事原価」として損益計算書に計上し、仕掛品は「未成工事支出金」として貸借対照表に計上する。
3 ）不適切である。製造業においては、当期総製造費用に期首仕掛品棚卸高を加算し、期末仕掛品棚卸高を減算したものが当期製品製造原価となる。これに期首商品棚卸高を加算し、期末商品棚卸高を減算したものが売上原価となる。

　　売上原価＝当期製品製造原価（当期商品仕入高）＋期首商品棚卸高
　　　　　　　−期末商品棚卸高

　　上記算式より、期末商品棚卸高を過大評価すると、売上原価を過小評価することになる。
4 ）適切である。

正解　3 ）

1-31　特定業種特有の勘定科目

《問》建設業に特有の勘定科目に関する次の記述のうち、最も適切なもの
はどれか。
1）一般的な製造業の売掛金に相当する建設業の勘定科目は「未成工事
受入金」である。
2）一般的な製造業の買掛金に相当する建設業の勘定科目は「工事未払
金」である。
3）一般的な製造業の前受金に相当する建設業の勘定科目は「完成工事
未収入金」である。
4）一般的な製造業の仕掛品に相当する建設業の勘定科目は「完成工事
原価」である。

・解説と解答・

　建設業の会計は、国土交通省の定める建設業法施行規則に準じて行われる。
主要な勘定科目は以下のとおりである。
　　完成工事未収入金：完成した工事において未受領の対価を計上する科目
　　未成工事支出金：完成していない工事において、それまでに発生した工事
　　　　　　　　　　原価を計上する科目。工事が完成した場合、「完成工事
　　　　　　　　　　原価」の勘定に振替を行う。
　　未成工事受入金：完成していない工事において、前受けでの入金があった
　　　　　　　　　　場合に計上する科目。工事が完成した場合、「完成工事
　　　　　　　　　　高」に振替を行う。
　　工事未払金：工事の完成・未成を問わず、工事原価の未払金を計上する科
　　　　　　　　目
　　完成工事高：完成した工事において、工事の請負高を計上する科目
　　完成工事原価：完成した工事において、工事の発生原価を計上する科目
　したがって、肢2）が適切である。

正解　2）

〈建設業会計の主要勘定科目〉

分類	商業・工業簿記	建設業会計
資産	売掛金	完成工事未収入金
	仕掛品	未成工事支出金
負債	前受金	未成工事受入金
	買掛金	工事未払金
収益	売上高	完成工事高
費用	売上原価	完成工事原価

第 2 章

会計制度

2－1　会社法に基づく会計（Ⅰ）

《問》以下の⑦〜⑨のうち、会社法に基づく会計における財務諸表（計算
書類等）に含まれるものとして、最も適切なものはどれか。
　　⑦キャッシュ・フロー計算書
　　⑦附属明細表
　　⑨株主資本等変動計算書
　1）⑦
　2）⑦
　3）⑨
　4）⑦、⑨

・解説と解答・

　会社法に基づく会計における財務諸表（計算書類等）の種類としては、①貸借対照表、②損益計算書、③株主資本等変動計算書、④個別注記表、⑤事業報告、⑥附属明細書がある（会社法435条2項、会社計算規則59条1項）。一方、金融商品取引法に基づく会計における財務諸表の種類としては、①貸借対照表、②損益計算書、③株主資本等変動計算書、④キャッシュ・フロー計算書、⑤附属明細表がある（財務諸表等規則1条）。よって、貸借対照表、損益計算書および株主資本等変動計算書は、会社法、金融商品取引法に共通である。キャッシュ・フロー計算書は金融商品取引法における財務諸表に含まれるものの、会社法における財務諸表には含まれない。

　したがって、肢3）が適切である。

正解　3）

2－2　会社法に基づく会計（Ⅱ）

《問》会社法に基づく会計に関する次の記述のうち、最も不適切なものは
どれか。
1) 会社法では、配当の上限を定めて社外流出を制限することにより、
債権者の保護を図っている。
2) 資本金5億円未満かつ負債200億円未満の株式会社は、会社法上の
計算書類等を作成する義務はない。
3) 会社法上の計算書類等の作成に際しては、会社法の関係条文に加え
て、会社計算規則などの法務省令に準拠しなければならない。
4) 会社法に基づく会計は、「一般に公正妥当と認められる企業会計の
慣行に従うものとする」と規定されているが、非上場の中小企業
（上場企業の子会社など一定の場合を除く）に対しては、簡便な会
計処理を採用した会計基準として「中小企業の会計に関する指針」
などがある。

・解説と解答・

1) 適切である。会社法では、「株主に対して交付する金銭等の帳簿価額の総
額は、当該行為がその効力を生ずる日における分配可能額を超えてはなら
ない」（会社法461条）と規定しており、配当の上限を定めることで資金が
社外に流出することを制限し、会社財産として残すことで会社の財務基盤
を安定させ、これを通じて債権者の保護を図っている。
2) 不適切である。求められる計算書類等の種類は会社の類型により異なる
が、企業規模にかかわらず、すべての会社は会社法上の計算書類等を作成
することが義務付けられている（会社法435条2項）。なお、資本金5億円
以上または負債合計200億円以上の株式会社（大会社）は、計算書類およ
びその附属明細書について、監査役および会計監査人による監査が義務付
けられている（同法328条、436条2項1号、2条6号）。
3) 適切である。
4) 適切である（会社法431条、「中小企業の会計に関する指針（2021年8月3
日改正）」）。

正解　2)

2－3　金融商品取引法に基づく会計

《問》金融商品取引法に基づく会計に関する次の記述のうち、最も適切な
ものはどれか。

1）金融商品取引法では、会計処理基準を規定しておらず、会社法の
「一般に公正妥当と認められる企業会計の基準」に一任している。

2）金融商品取引法における会計処理基準は、会社法における会計処理
基準との実質的な一元化が図られていない。

3）金融商品取引法における会計表示基準は、会社計算規則により規定
されている。

4）金融商品取引法に基づく会計は、投資家の保護を図ることを目的と
していない。

・解説と解答・

　金融商品取引法に基づく会計が適用される対象は、一定の要件を充足した規
模の大きい大会社のみである。また、金融商品取引法に基づく会計で計算され
た利益は、投資家の意思決定に役立つための「適正な期間利益」である必要が
ある。なお、会社法会計と金融商品取引法会計については、次頁の表を参照。

1）適切である（財務諸表等規則1条、会社法431条）。

2）不適切である。金融商品取引法における会計は、会社法の「一般に公正妥
当と認められる企業会計の基準に従う」とされており、この企業会計の基
準とは、企業会計原則を指すと解されている。この規定により、金融商品
取引法における会計の会計処理基準は、会社法における会計の会計処理基
準と実質的な一元化が図られている。

3）不適切である。金融商品取引法における会計表示基準は、財務諸表等規則
等により規定されている。

4）不適切である。金融商品取引法に基づく会計の目的は、投資者（証券投資
を行う株主）の保護を図ることにある（金融商品取引法第1条）。

正解　1）

〈会社法における会計と金融商品取引法における会計〉

	会社法会計	金融商品取引法会計
表示基準	会社計算規則	財務諸表等規則
目的	債権者の保護	投資家の保護
適用対象	すべての株式会社および持分会社（会社計算規則 4 条、会社法432条、615条）	規模の大きい会社 ・5 億円以上の株式、社債の募集または売出を行った会社 ・金融商品取引所に上場している会社 ・店頭販売の登録銘柄株式の発行会社 ・株主数が1,000人以上の会社 （金融商品取引法24条 1 項、同法施行令 3 条の 6 ）
財務諸表の種類	〈計算書類等〉 ・貸借対照表 ・損益計算書 ・株主資本等変動計算書 ・個別注記表 ・事業報告 ・附属明細書 （会社法435条 2 項、会社計算規則59条 1 項）	〈財務諸表等〉 ・貸借対照表 ・損益計算書 ・株主資本等変動計算書 ・キャッシュ・フロー計算書 ・附属明細表 （財務諸表等規則 1 条）

2－4　企業会計原則

> 《問》企業会計原則に関する次の記述のうち、最も適切なものはどれか。
> 1）「真実性の原則」とは、真実な利益とは絶対的な利益であり、複数
> 存在することがないという原則である。
> 2）「資本取引・損益取引区分の原則」とは、元手ともうけの区分を求
> める原則であり、資本取引と損益取引とを明確に区別し、特に資本
> 剰余金と利益剰余金とを混同しないことを要求している。
> 3）「保守主義の原則」とは、会計処理の手続を毎期継続して適用させ、
> みだりに変更することを許さないという原則であり、この原則を適
> 用する目的は、経営者の利益操作を排除し、財務諸表の期間比較を
> 可能とすることにある。
> 4）「重要性の原則」とは、会計処理面の原則である「正規の簿記の原
> 則」および表示面の原則である「明瞭性の原則」の補足をする原則
> であり、重要性の乏しいものであっても、本来の厳密な会計によっ
> て処理しなければならない。

・解説と解答・

1）不適切である。財務諸表は「記録と慣習と判断の総合表現」であり、損益
計算書で計算される利益は主観性が強いという側面を持つ。そのため、真
実性の原則で要請されている真実は、相対的真実であり、真実な利益が複
数ある場合でも、そのいずれも妥当なものとして取り扱う。

2）適切である。

3）不適切である。本肢は、「継続性の原則」についての記述である。「保守主
義の原則」は、企業の財政に不利な影響を及ぼす可能性がある場合には、
これに備えて適当に健全な会計処理をしなければならないとする原則であ
り、「安全性の原則」や「慎重性の原則」ともいわれる。

4）不適切である。「重要性の原則」は、会計処理面の原則である「正規の簿
記の原則」および表示面の原則である「明瞭性の原則」の例外として容認
されている原則であり、重要性の乏しいものは本来の厳密な会計処理によ
らず、ほかの簡便な方法でも認められるという原則である。

正解　2）

〈企業会計原則・一般原則〉

真実性の原則	企業会計は、企業の財政状態及び経営成績に関して、真実な報告を提供するものでなければならない。
正規の簿記の原則 （注解）	企業会計は、すべての取引につき、正規の簿記の原則に従って、正確な会計帳簿を作成しなければならない。
資本取引・損益取引区分の原則	資本取引と損益取引とを明瞭に区別し、特に資本剰余金と利益剰余金とを混同してはならない。
明瞭性の原則 （注解）	企業会計は、財務諸表によって、利害関係者に対し必要な会計事実を明瞭に表示し、企業の状況に関する判断を誤らせないようにしなければならない。
継続性の原則	企業会計は、その処理の原則及び手続を毎期継続して適用し、みだりにこれを変更してはならない。
保守主義の原則	企業の財政に不利な影響を及ぼす可能性がある場合には、これに備えて適当に健全な会計処理をしなければならない。
単一性の原則	株主総会提出のため、信用目的のため、租税目的のため等種々の目的のために異なる形式の財務諸表を作成する必要がある場合、それらの内容は、信頼しうる会計記録に基づいて作成されたものであって、政策の考慮のために事実の真実な表示をゆがめてはならない。

（注解）　重要性の原則

・企業会計は、定められた会計処理の方法に従って正確な計算を行うべきものであるが、企業会計が目的とするところは、企業の財務内容を明らかにし、企業の状況に関する利害関係者の判断を誤らせないようにすることにあるか

ら、重要性の乏しいものについては、本来の厳密な会計処理によらないで他
の簡便な方法によることも正規の簿記の原則に従った処理として認められ
る。
・重要性の原則は、財務諸表の表示に関しても適用される。

2 - 5　益金

《問》法人税法上の益金に関する次の記述のうち、最も適切なものはどれか。

1）資産の評価替えを行って評価益を計上した場合、原則としてその評価益は益金の額に算入されない。

2）内国法人がほかの内国法人から配当等を受けた場合、所定の申告手続を条件として一定額を益金の額に算入することができる。

3）2009年 4 月 1 日以後に締結した請負工事について、工事期間が 1 年以上で請負金額が10億円以上の長期大規模請負工事の収益の扱いは、工事完成基準に一本化されている。

4）商品や製品の収益は、それらの引渡しによって実現するとされ、引渡しの基準として出荷基準が認められるが、検収基準は認められていない。

・解説と解答・

1）適切である。資産の評価替えを行って評価益を計上しても、原則としてその評価益は益金の額に算入されない（法人税法25条）。

2）不適切である。内国法人がほかの内国法人から配当等を受けた場合、申告手続を条件として一定額を益金の額に算入しない取扱いとしている（法人税法23条）。

3）不適切である。2009年 4 月 1 日以後に締結した請負工事について、工事期間が 1 年以上で請負金額が10億円以上の長期大規模請負工事の収益の扱いは、工事進行基準に一本化されている（法人税法64条、同法施行令129条）。

4）不適切である。引渡しの基準としては、出荷基準のほか、検収基準なども認められている。

正解　1）

2-6　損金

《問》法人税法上の損金および損金算定に必要な資産の評価に関する次の
記述のうち、最も適切なものはどれか。

1 ）内国法人が事業の用に供した減価償却資産のうち取得価額が50万円
未満のものは、資産に計上せず、事業の用に供した事業年度に損金
処理することができる。

2 ）内国法人が有する有価証券のうち売買目的有価証券は、原則として
原価法で評価し、売買目的外有価証券は原則として時価法で評価す
る。

3 ）内国法人が有する棚卸資産の期末評価方法について、あらかじめ税
務署長への届出を行わない場合は、最終仕入原価法により評価す
る。

4 ）内国法人が資産を評価替えしてその帳簿価額を減額した場合、その
評価損は、原則として損金に算入される。

・解説と解答・

1 ）不適切である。内国法人が事業の用に供した減価償却資産のうち取得価額
が10万円未満のものは、資産に計上せず、事業の用に供した事業年度に損
金処理できる（法人税法施行令133条 1 項）。

2 ）不適切である。内国法人が有する有価証券のうち、売買目的有価証券は原
則として時価法で、売買目的外有価証券は原則として原価法で評価する
（法人税法61条の 3 第 1 項）。

3 ）適切である（法人税法29条 1 項、同法施行令28条、31条 1 項）。

4 ）不適切である。資産を評価替えしてその帳簿価額を減額した場合、原則と
して損金に算入されない（法人税法33条）。ただし、法人税法では、評価
損を損金算入できる一定のケースを個々に規定している。

正解　3 ）

2 － 7　損金算入

《問》法人税法上、損金算入が認められないものは、次のうちどれか。
1 ）減価償却（普通償却）限度の範囲額
2 ）役員給与、役員退職金の相当範囲額
3 ）引当金繰入限度の範囲額
4 ）株主総会で承認された配当金

・解説と解答・

1 ）認められる。会計上、減価償却費は限度額なく費用計上することができるが、税務上は、法定耐用年数と一定の償却方法による償却限度額までの減価償却費の損金算入が容認されている（法人税法31条）。

2 ）認められる。役員給与、役員退職金は、原則として損金算入が認められているが、不相当に高額とされる部分の金額は、損金算入は認められない（法人税法34条）。

3 ）認められる。会計上、法人が有する金銭債権に係る貸倒損失の見込額は、費用として貸倒引当金勘定に計上されるが、法人税法上は、銀行、保険会社、中小企業等についてのみ一定額までの損金算入が認められている（法人税法52条）。

4 ）認められない。配当金は、決算申告による法人税等支払後の剰余金の分配となるので、そもそも損金算入することはできない。

正解　4 ）

2−8　税務会計

《問》税務会計に関する次の記述のうち、最も適切なものはどれか。

1) 内国法人は、原則として各事業年度終了の日の翌日から3カ月以内に、確定した決算に基づいて、所得金額または欠損金額および所得に対する法人税額等を記載した確定申告書を提出しなければならない。

2) 同族会社については、課税の公平性の観点から、所得の社内留保による配当抑制に対する留保金課税の適用や、税務署長の認定によって所得などを計算し、法人税の更正や決定をする行為計算の否認が行われることがある。

3) 株主等をその同族関係者を含めたグループ別に分類し、その同族関係者を含めた大株主グループを持株割合の高いほうから順に3グループとり、その3グループの持株割合の合計が対象会社の発行済株式総数（または出資口数）の30％以上となる場合、当該会社は同族会社と判定される。

4) 新設法人の最初の事業年度など特別な場合を除き、1年決算の普通法人は、原則として事業年度開始の日以後6カ月を経過した日から1カ月以内に中間申告書を提出しなければならない。

・解説と解答・

1) 不適切である。内国法人は、原則として各事業年度終了の日の翌日から2カ月以内に、確定した決算に基づいて、所得金額または欠損金額および所得に対する法人税額等を記載した確定申告書を提出しなければならない（法人税法74条）。

2) 適切である。同族会社においては、受取配当金に対する課税を回避するために、所得を会社内に留保して、配当を抑制することがある。そこで、同族会社が一定の金額を超えて利益を社内に留保した場合は、原則としてその留保金額に対して特別税率による法人税が追加課税される。これを留保金課税という（法人税法67条）。

　　また、課税の公平性の観点から、同族会社については、現実に行った行為や計算が法人税の負担を不当に減少させる結果となると認められたときは、その行為や計算にかかわらず、税務署長の認定により、更生や決定が

なされることがある。これを行為計算の否認という（同法132条）。

3）不適切である。株主等をその同族関係者を含めたグループ別に分類し、その同族関係者を含めた大株主グループを持株割合の高いほうから順に3グループとり、その3グループの持株割合の合計が対象会社の発行済株式総数（または出資口数）の50％以上となる場合、当該会社は同族会社と判定される。

4）不適切である。新設法人の最初の事業年度など特別な場合を除き、1年決算の普通法人は、原則として事業年度開始の日以後6カ月を経過した日から2カ月以内に中間申告書を提出しなければならない（法人税法71条）。

<u>正解　2）</u>

2－9　申告調整

《問》会計上の利益と法人税法上の所得金額に関連する申告調整事項のうち、必須申告調整事項（必ず申告書で調整しなければならない事項）に該当しないものは、次のうちどれか。

1）減価償却の償却限度超過額の損金不算入
2）交際費等の限度超過額の損金不算入
3）資産譲渡の場合の特別控除額の損金算入
4）法人税、法人住民税の損金不算入

・解説と解答・

1）該当する（法人税法31条、同法施行令62条）。
2）該当する。交際費等の限度超過額の損金不算入は、必須申告調整事項（必要に応じて税務署が更正する事項）であって任意申告調整事項ではない（租税特別措置法61条の4）。※適用期限：2027年3月31日までに開始する事業年度
3）該当しない（租税特別措置法64条等）。「資産譲渡の場合の特別控除額の損金算入」は、任意申告調整事項（申告書で調整しなければ認められない事項）である。
4）該当する（法人税法38条）。

正解　3）

〈法人所得の計算方法〉

　法人税の課税所得金額は、益金の額から損金の額を控除して計算するとされているが、実務上は、企業会計の損益計算書で収益から費用を控除して計算した当期純利益（税引前）に、企業会計と法人税の異なる部分を調整（税務調整）して算出する。税務調整には、決算調整と申告調整がある。

・決算調整：法人税申告書を作成するにあたり、決算時点において行う経理処理を決算調整という。申告書上での調整はすべての項目について認められているわけではなく、損益計算書上で費用として計上（決算調整）していることを条件に、申告書上の調整が認められている項目がある。主な決算調整項目は次のとおり。

①減価償却資産および繰延資産の償却費の損金算入
②引当金繰入額および準備金積立額の損金算入

③圧縮記帳に関する損金算入　等

・申告調整：法人税申告書（別表四）上で行う、当期純利益（税引前）から法人税法上の課税所得金額を導くために行う調整を申告調整という。主な申告調整項目は次のとおり。

区分	具体例
必須申告調整事項（必ず申告書で調整しなければならない事項）	・過大役員報酬、役員賞与、過大役員退職金の損金不算入（法人税法34条） ・交際費の限度超過額の損金不算入（租税特別措置法61条の 4 ） ・寄附金の限度超過額の損金不算入（法人税法37条） ・法人税、法人住民税の損金不算入（法人税法38条） ・減価償却の償却限度超過額の損金不算入（法人税法31条） ・各種引当金の繰入限度超過額の損金不算入（法人税法52条） ・法人税額から控除される所得税額の損金不算入（法人税法40条）　等
任意申告調整事項（申告書で調整しなければ認められない事項）	・受取配当等の益金不算入（法人税法23条） ・資産譲渡の場合の特別控除額の損金算入（租税特別措置法64条等）　等

2－10　税額計算

《問》以下の〈資料〉から算出される当期中に支払った法人税、住民税お
　　　よび事業税の額として、次のうち最も適切なものはどれか。なお、
　　　記載のない事項については考慮しないものとする。

〈資料〉

前期貸借対照表の未払法人税等	13,500千円
当期貸借対照表の未払法人税等	12,000千円
前期損益計算書の法人税、住民税および事業税	27,600千円
当期損益計算書の法人税、住民税および事業税	28,300千円

1）12,700千円
2）12,800千円
3）29,100千円
4）29,800千円

・解説と解答・

当期中に支払った法人税、住民税および事業税
　＝前期貸借対照表の未払法人税等
　　＋当期損益計算書の法人税、住民税および事業税
　　－当期貸借対照表の未払法人税等
　＝13,500千円＋28,300千円－12,000千円
　＝29,800千円

正解　4）

2 −11 棚卸資産の範囲・評価

《問》棚卸資産の範囲・評価および売上原価に関する次の記述のうち、最も適切なものはどれか。
1）棚卸資産の範囲には、商品または製品、半製品等、不動産業者が保有する販売用の土地などが含まれるが、貯蔵品は含まれない。
2）決算期末における棚卸資産の評価に用いられる方法には、原価法や低価法がある。
3）棚卸資産の取得価額は、購入代価に等しく、付随して発生する引取運賃等は含まれない。
4）棚卸資産の期末評価額が小さくなるほど、売上原価も小さく評価される。

・解説と解答・

1）不適切である。棚卸資産の範囲に含まれるのは、商品または製品、半製品、仕掛品、原材料および貯蔵品等である。また、不動産業者が保有する販売用の土地も、固定資産ではなく、商品として棚卸資産に含まれる（法人税法2条20号、同法施行令10条）。

2）適切である。決算期末における棚卸資産の評価に用いられる方法には、原価法や低価法がある。原価法とは期末時点の棚卸資産について、取得原価をもって期末の評価額とする方法であり、低価法とは原価法による評価額と期末における時価とを比較し、いずれか低い価額をもって期末の評価額とする方法である（法人税法29条、同法施行令28条）。

3）不適切である。棚卸資産の取得価額には、購入代価のほかに、原則として購入した商品や自社が製造した棚卸資産に付随して発生する費用（引取運賃等）を含める（法人税法施行令32条）。

4）不適切である。棚卸資産の期末評価額と売上原価との間には、期末評価額が大きければ大きいほど売上原価は小さく、期末評価額が小さければ小さいほど売上原価は大きくなるという関係がある。

<u>正解 2）</u>

2－12　固定資産の減価償却

《問》固定資産の減価償却に関する次の記述のうち、最も不適切なものは
どれか。

1）内国法人が事業の用に供した減価償却資産のうち、取得価額が10万
円未満のものは、資産に計上せず、そのまま事業の用に供した日の
属する事業年度に一時に損金処理できる。

2）内国法人が事業の用に供した減価償却資産のうち、取得価額が10万
円以上20万円未満のものは、事業年度ごとに一括して３年間で均等
償却する方法を選択することができる。

3）法人税法上、法定耐用年数と一定の償却方法による減価償却費の損
金算入を容認しており、実務上は法人税法の規定に基づいて減価償
却が行われる。

4）法人税法上は、減価償却の上限を定めるとともにその実施を強制し
ているが、会社法上は、減価償却の上限はなく、その実施も強制し
ていない。

・解説と解答・

1）適切である。内国法人が事業の用に供した減価償却資産のうち、使用可能
期間が１年未満のものや取得価額が10万円未満のものは、資産に計上せ
ず、そのまま事業の用に供した日の属する事業年度に、一時に損金処理す
ることができる（法人税法施行令133条１項）。

2）適切である。内国法人が事業の用に供した減価償却資産のうち、取得価額
が10万円以上20万円未満の資産については、事業年度ごとに一括して３年
間で均等償却する方法を選択することができる（法人税法施行令133条の
２）。

3）適切である。肢４）の解説を参照。

4）不適切である。土地、建設仮勘定等以外の固定資産（減価償却資産）は、
時の経過または使用に伴ってその価値が減少（減価）していくため、会社
法会計においては、減価償却によって取得原価をその耐用期間の費用とし
て配分しなければならない。法人税法においても、法定耐用年数と一定の
償却方法による減価償却費の損金算入を容認しており、実務上は、この法
人税法の規定に基づいて減価償却が行われる。

　ただし、会社法上、減価償却は強制されるが、法人税法上は償却の上限を定めるのみで強制ではない（法人税法31条）。

<u>正解</u>　4）

2-13 税効果会計の特徴

《問》当期における税効果会計適用前の数値が下記の〈資料〉のとおりで
あり、法人税等の実効税率が35％であるとき、税効果会計を適用す
るための仕訳として、次のうち最も適切なものはどれか。

〈資料〉

税引前当期純利益	196,020千円
法人税等	69,958千円
貸倒引当金繰入額	11,610千円
上記貸倒引当金繰入額中の税法上損金算入認定額	7,750千円

	（借　方）		（貸　方）	
1)	法人税等調整額	1,351千円	繰延税金資産	1,351千円
2)	法人税等調整額	1,351千円	繰延税金負債	1,351千円
3)	繰延税金負債	1,351千円	法人税等調整額	1,351千円
4)	繰延税金資産	1,351千円	法人税等調整額	1,351千円

● 解説と解答 ●

　税効果会計では、貸倒引当金繰入額のうち、税法上損金算入認定額を超過し
た額3,860千円（11,610千円－7,750千円）が将来減算一時差異となるため、将
来減算一時差異に法人税等の実効税率35％を乗じた1,351千円を現状の法人税
等の額から減額する「（借方）繰延税金資産1,351千円（貸方）法人税等調整額
1,351千円」の仕訳を行うことになる。したがって、肢4）が適切である。

正解　4）

2 － 14　固定資産の減損会計（Ⅰ）

《問》固定資産の減損会計に関する次の記述のうち、最も不適切なものは
どれか。
1 ）減損会計においては、資産のグルーピングは、ほかの資産グループ
のキャッシュ・フローからおおむね独立したキャッシュ・フローを
生み出す最小の単位で行うこととされている。
2 ）のれんについては、当該のれんを含むより大きな単位、およびのれ
ん単体で減損の兆候があるかを判断する。
3 ）ある資産グループが使用されている事業に関連して、経営環境が著
しく悪化した、または悪化する見込みである場合には、減損の兆候
があるとされる。
4 ）資産グループについて認識された減損損失は、帳簿価額に基づいて
比例配分する方法、または資産グループの各構成資産の時価を考慮
して配分する方法等により、当該資産グループの各構成資産に配分
することとなる。

・解説と解答・

1 ）適切である（「固定資産の減損に係る会計基準の適用指針」7 ）。経営の実
態が適切に反映されるように配慮して行うこととなる。
2 ）不適切である。のれんについては、独立してそれ自体では減損の兆候があ
るかを判断することができないため、原則として、のれんを含むより大き
な単位で減損の兆候があるかを判断することとなる（「固定資産の減損に
係る会計基準の適用指針」17）。
3 ）適切である。経営環境が著しく悪化した場合とは、例えば、「材料価格の
高騰や、商品店頭価格の大幅な下落が続いているような市場環境の著しい
悪化」「技術革新による著しい陳腐化や特許期間の終了による重要な関連
技術の拡散などの技術的環境の著しい悪化」「重要な法改正、規制緩和
（強化）、重大な法令違反の発生などの法律的環境の著しい悪化」等が挙げ
られる（「固定資産の減損に係る会計基準の適用指針」14）。
4 ）適切である。資産グループについて認識された減損損失は、本肢に記載し
たような合理的な方法により、各構成資産に配分する（「固定資産の減損
に係る会計基準の適用指針」26）。　　　　　　　　　　　　　正解　2 ）

2-15 固定資産の減損会計（Ⅱ）

《問》固定資産の減損会計に関する次の記述のうち、最も不適切なものは
どれか。

1）独立したキャッシュ・フローを生み出す資産グループについて、当
該資産グループの市場価格が帳簿価額から50％程度以上下落した場
合は、減損の兆候があると判断される。

2）減損の兆候がある資産グループについて、当該資産グループから得
られる割引前将来キャッシュ・フローの総額がこれらの帳簿価額を
下回る場合は、減損損失を認識することになる。

3）減損の兆候があるとされた資産グループについて、減損を認識する
にあたっての将来のキャッシュ・フローを算定する場合は、各期の
キャッシュ・フローを利子率で割り引いた割引後将来キャッシュ・
フローを用いることになる。

4）減損が認識されたときの減損損失の額は、資産グループの帳簿価額
から回収可能価額を差し引いて算出するが、この回収可能価額は、
正味売却価額または使用価値のうち、高いほうの額が用いられる。

・解説と解答・

　減損会計とは、資産または資産グループの収益性の低下により投資額の回収
が見込めなくなった場合に、一定の条件のもとで回収可能性を反映させるよう
に帳簿価額を減額する会計処理である。具体的には、資産グループについて減
損の兆候が生じているかどうかを判定し、減損の兆候が相当程度認められる場
合には、当該資産の帳簿価額を回収可能価額まで減額し、当期の損失として処
理することとなる。

1）適切である。なお、資産グループについては、資産グループ全体の市場価
格が把握できない場合でも、主要な資産の市場価格が著しく下落した場合
も含まれるとされる（「固定資産の減損に係る会計基準の適用指針」15）。

2）適切である（「固定資産の減損に係る会計基準の適用指針」18）。

3）不適切である。減損の兆候があるとされた資産グループの将来キャッシ
ュ・フローを算定するときは、各期のキャッシュ・フローを利子率で割り
引く前の割引前将来キャッシュ・フローを用いる（「固定資産の減損に係
る会計基準の適用指針」18）。

4）適切である。減損損失を認識すべきとされた資産グループについては、帳簿価額から回収可能価額を差し引いた残りを減損損失とする。また、減損損失が認識された資産グループの回収可能価額は、その資産グループの「正味売却価額」と「使用価値」のいずれか高いほうの金額とされる（「固定資産の減損に係る会計基準の適用指針」25、28）。

正解　3）

2－16　新しい会計制度の動向等

《問》さまざまな会計制度に関する次の記述のうち、最も不適切なものは
どれか。
1）包括利益は、当期純利益にその他の包括利益の内訳項目を加減して
算出する。
2）資産除去債務とは、有形固定資産の取得、建設、開発または通常の
使用によって生じ、当該有形固定資産の除去に関して法令または契
約で要求される法律上の義務およびそれに準ずるものをいう。
3）棚卸資産については、原則として、購入代価または製造原価に付随
費用を加算して取得原価とし、事業の種類や棚卸資産の種類等に応
じて評価方法を選定する必要がある。
4）ファイナンス・リース取引については、通常の賃貸借取引に準じて
会計処理を行うこととされている。

・解説と解答・

1）適切である。なお、包括利益とは、企業の特定期間の財務諸表において認
識された純資産の変動額のうち、資本取引によらない部分をいう。また、
その他の包括利益とは、包括利益のうち当期純利益に含まれない部分をい
い、その他有価証券評価差額金、繰延ヘッジ損益、為替換算調整勘定、退
職給付に係る調整額等がある（「包括利益の表示に関する会計基準」4～
7）。
2）適切である。法律上の義務およびそれに準ずるものとは、有形固定資産を
除去する義務のほか、有形固定資産を除去する際に当該有形固定資産に使
用されている有害物質等を法律等の要求による特別の方法で除去すること
も含まれる（「資産除去債務に関する会計基準」3）。
3）適切である。棚卸資産については、原則として、購入代価または製造原価
に付随費用を加算して取得原価とし、「個別法」「先入先出法」「平均原価
法」「売価還元法」のなかから、事業の種類、棚卸資産の種類、その性質
および使用方法等を考慮した区分ごとに評価方法を選択することとなる
（「棚卸資産の評価に関する会計基準」6－2、6－3）。
4）不適切である。ファイナンス・リース取引については、通常の「売買取
引」に準じて会計処理を行うこととされている。借手側では、リース取引

開始日に、リース物件とこれに係る債務をリース資産およびリース債務として計上する。また、貸手側では、リース取引開始日に、所有権移転ファイナンス・リース取引についてはリース債権として、所有権移転外ファイナンス・リース取引についてはリース投資資産として計上する（「リース取引に関する会計基準」9、10、13)。

正解　4）

第 3 章

財務分析

3－1　各種財務分析指標

《問》財務分析指標に関する次の記述のうち、最も不適切なものはどれか。

1）減価償却累計率とは、固定資産がどの程度減価償却されているかを表す財務分析指標であり、「減価償却累計額÷（減価償却資産帳簿価額＋減価償却累計額）」で算出される。

2）配当性向とは、株主資本に対して企業がどの程度の利益配分を実施したかを表す財務分析指標であり、「年間配当総額÷株主資本」で算出される。

3）営業キャッシュ・フロー有利子負債比率とは、営業活動によるキャッシュ・フローで有利子負債をどの程度賄うことができるかを表す財務分析指標であり、「営業キャッシュ・フロー÷有利子負債」で算出される。

4）内部留保率とは、当期純利益のうち社外流出をせずに内部に留保した割合を表す財務分析指標であり、「（当期純利益－社外流出）÷当期純利益」で算出される。

・解説と解答・

1）適切である。減価償却累計率は、減価償却資産の取得価額に対する減価償却累計額の割合を計算することにより、耐用年数に対して、資産の取得からどの程度経過しているか（老朽化度合い）を把握するための指標である。減価償却累計率は、その数値が100％に近いほど法定耐用年数に近づいていることを示す。

$$減価償却累計率（\%）＝\frac{減価償却累計額}{減価償却資産帳簿価額＋減価償却累計額}$$

2）不適切である。配当性向とは、当期純利益のうち配当に充当した割合を示す財務分析指標であり、その数値が高いほど株主へ多くの利益を還元しているといえる。ただし、成長期にある会社は利益の大半を投資に回すことが多いため、配当性向が高ければよいというわけではない。

$$配当性向（\%）＝\frac{年間配当総額}{当期純利益}$$

3）適切である。営業キャッシュ・フロー有利子負債比率は、支払能力を表す

指標であり、その数値が高いほど負債の返済能力が高いことを示す。

$$営業キャッシュ・フロー有利子負債比率（％）=\frac{営業キャッシュ・フロー}{有利子負債}$$

4）適切である。内部留保率は、当期純利益のうち、社外流出（配当金等）を
　控除した額の当期純利益に対する割合であり、株主への還元率を示す配当
　性向の対になる財務分析指標である。

$$内部留保率（％）=\frac{当期純利益-社外流出}{当期純利益}$$

<u>正解　2）</u>

3 - 2　収益性分析の留意点

《問》収益性分析を行ううえでの留意点に関する次の記述のうち、最も不適切なものはどれか。

1）収益性分析において、規模の小さい中小企業では、総資産経常利益率よりもむしろ財務諸表の個々の勘定科目そのものの金額を利用した実数分析が重要である。

2）収益性分析の手法は資本利益率を中心とした比率分析体系となっており、総資産経常利益率を展開していくことで、全般的、総合的に財務分析を行うことができる。

3）収益性分析における比率分析体系とは、結果としての収益状況の水準把握だけではなく、収益状況の結果をもたらした原因まで遡って把握しようとする手法である。

4）経営者の意図しない粉飾において、当該粉飾額の確定に客観的な情報が得られない場合、収益性分析を行う側の主観的判断により粉飾額を確定させるべきである。

・解説と解答・

1）適切である。中小企業では、その企業特有の会計処理や勘定科目があることが多いため、比率分析よりも、各勘定科目の金額そのものを分解してその内容を調査する実数分析が重要とされる。なお、総資産経常利益率は、比率分析の1つの指標である。

2）適切である。収益性分析の手法は、資本収益率を中心とした比率分析体系となっており、そのなかでも総資産経常利益率は、会社全体の観点から収益性を総合的に判定する指標として最もよく利用されている。なお、総資産経常利益率は、次のように分解することができ、細部について分析することができる。

$$総資産経常利益率＝売上高経常利益率×総資産回転率$$
$$\frac{経常利益}{総資産} ＝ \frac{経常利益}{売上高} × \frac{売上高}{総資産}$$

3）適切である。肢2）の解説のとおり、総資産経常利益率等を用いることで、収益状況の結果をもたらす原因を分析することができる。

4）不適切である。粉飾は、経営者が意図していない場合もあるため、財務諸表を分析する際に十分に検討したうえで、実態にあわせて修正することが必要である。

正解 4）

3－3　諸比率の算出（Ⅰ）

《問》以下の〈資料〉に関する次の記述のうち、最も不適切なものはどれ
か。なお、繰延資産はないものとする。

〈資料〉　　　　　　　　　　　　　　　　　　　（単位：百万円）

売　　　　上　　　　高	1,500	流　動　資　産	750
売　　上　　原　　価	1,200	固　定　資　産	450
販売費及び一般管理費	225	純資産（株主資本）	250
営　業　外　収　益	5		
営　業　外　費　用	20		

1）総資産回転率は、0.8回である。
2）負債比率は、380.0％である。
3）総資産経常利益率は、5.0％である。
4）売上高経常利益率は、4.0％である。

●解説と解答●

損益計算書：売上総利益＝売上高－売上原価
　　　　　　　　　　　＝1,500百万円－1,200百万円
　　　　　　　　　　　＝300百万円
　　　　　営業利益＝売上総利益－販売費及び一般管理費
　　　　　　　　　　　＝300百万円－225百万円
　　　　　　　　　　　＝75百万円
　　　　　経常利益＝営業利益＋営業外収益－営業外費用
　　　　　　　　　　　＝75百万円＋5百万円－20百万円
　　　　　　　　　　　＝60百万円
貸借対照表：総資産＝流動資産＋固定資産
　　　　　　　　　　　＝750百万円＋450百万円
　　　　　　　　　　　＝1,200百万円
　　　　　負債＝総資産－純資産（株主資本）
　　　　　　　　　＝1,200百万円－250百万円
　　　　　　　　　＝950百万円

1）不適切である。

$$総資産回転率（回）＝\frac{売上高}{総資産}＝\frac{1,500百万円}{1,200百万円}＝1.25回$$

2）適切である。

$$負債比率（％）＝\frac{負債}{純資産（株主資本）}＝\frac{950百万円}{250百万円}＝380.0％$$

3）適切である。

$$総資産経常利益率（％）＝\frac{経常利益}{総資産}＝\frac{60百万円}{1,200百万円}＝5.0％$$

4）適切である。

$$売上高経常利益率（％）＝\frac{経常利益}{売上高}＝\frac{60百万円}{1,500百万円}＝4.0％$$

<u>正解　1）</u>

3－4　諸比率の算出（Ⅱ）

《問》以下の〈資料〉に関する次の記述のうち、最も適切なものはどれ
か。なお、各指標の計算にあたっては、表示単位の小数点以下第2
位を四捨五入すること。

〈資料〉　　　　　　　　　　（単位：百万円）

	A社	B社
売上高	3,323	7,583
経常利益	203	411
総資産	3,262	5,012
株主資本（自己資本）	422	472

1）売上高経常利益率は、A社のほうが高い。
2）総資産経常利益率は、A社のほうが高い。
3）株主資本（自己資本）経常利益率は、A社のほうが高い。
4）株主資本（自己資本）比率は、B社のほうが高い。

・解説と解答・

　企業の代表的な財務分析指標である「売上高経常利益率」「総資産経常利益
率」「株主資本（自己資本）経常利益率」「株主資本（自己資本）比率」の理解
を問うものである。

　それぞれの指標は、下記のようになる。

	売上高経常利益率	総資産経常利益率	株主資本（自己資本）経常利益率	株主資本（自己資本）比率
A社 B社	6.1% 5.4%	6.2% 8.2%	48.1% 87.1%	12.9% 9.4%
優	A社	B社	B社	A社

したがって、肢1）が適切である。

正解　1）

3－5 諸比率の算出（Ⅲ）

《問》以下の〈資料〉に基づき当期と前期を比較した場合、次のうち最も
適切なものはどれか。

〈資料〉

	前　期	当　期
売上高経常利益率	5.0%	4.5%
総資産回転率	0.8回	1.0回

1）売上高経常利益率と総資産回転率がともに悪化したので、総資産経
常利益率も悪化した。

2）売上高経常利益率と総資産回転率がともに良化したので、総資産経
常利益率も良化した。

3）売上高経常利益率は悪化したが、総資産回転率が良化したので、総
資産経常利益率は良化した。

4）総資産回転率は良化したが、売上高経常利益率が悪化したので、総
資産経常利益率は悪化した。

・解説と解答・

「総資産経常利益率＝売上高経常利益率×総資産回転率」であるから、前期
総資産経常利益率は4.0%（5.0%×0.8回）、当期総資産経常利益率は4.5%
（4.5%×1.0回）となり、肢3）の記述のとおりである。

正解　3）

3－6　諸比率の算出（Ⅳ）

《問》以下の〈資料〉に関する次の記述のうち、最も不適切なものはどれか。

〈資料〉　　　　　　　　　　　　　　　　（単位：百万円）

	A社	B社
売上高	2,553	8,753
経常利益	198	353
総資産	3,053	4,285
株主資本（自己資本）	1,080	3,220

1）総資産回転率は、B社のほうが優れている。
2）売上高経常利益率は、A社のほうが優れている。
3）総資産経常利益率は、A社のほうが優れている。
4）株主資本（自己資本）経常利益率は、A社のほうが優れている。

●解説と解答●

　企業の代表的な収益性指標である総資産経常利益率は、売上高経常利益率（利幅）と総資産回転率（資産の運用効率）の相乗積に分解できる。それぞれについて計算すると、下記のようになる。

	総資産回転率	売上高経常利益率	総資産経常利益率	株主資本（自己資本）経常利益率
A社	0.84回	7.8%	6.5%	18.3%
B社	2.04回	4.0%	8.2%	11.0%
優	B社	A社	B社	A社

したがって、肢3）が不適切である。

正解　3）

3 － 7　総資産経常利益率の算出

《問》以下の〈資料〉から算出される総資産経常利益率として、次のうち
最も適切なものはどれか。なお、答は小数点以下第 3 位を四捨五入
すること。また、〈資料〉に記載のない事項については、考慮しな
いものとする。

〈資料〉

総資産回転率	0.84回
売上高経常利益率	7.80%
自己資本経常利益率	18.30%

1 ）1.97%
2 ）2.79%
3 ）6.55%
4 ）15.37%

解説と解答

$$総資産経常利益率（％）＝\frac{経常利益}{総資産}$$

$$＝\frac{経常利益}{売上高}×\frac{売上高}{総資産}$$

$$＝売上高経常利益率×総資産回転率$$

よって、総資産経常利益率＝7.80%×0.84回＝6.552%≒6.55%となる。

正解　3 ）

3-8　回転率と回転期間

《問》資産の回転率（年・回）と回転期間（カ月）に関する次の記述のうち、最も不適切なものはどれか。
1）12を回転期間で除すと、回転率が算出される。
2）12を回転率で除すと、回転期間が算出される。
3）各資産の回転率を合計すると、総資産回転率に一致する。
4）各資産の回転期間を合計すると、総資産回転期間と一致する。

・解説と解答・

　回転期間分析とは、企業に投下された資産の「滞留期間」「回収までの期間」を算出して、その効率性を判定する分析手法である。回転期間分析に使用する指標には、「回転率」と「回転期間」がある。「回転率」とは、その資産が一定期間内に何回入れ替わったか、1年間における回転の回数を表すのに対して、「回転期間」は、その期間（何カ月、何日等）で表す。

$$回転率（回）＝\frac{年売上高（平均月商×12）}{各資産残高}$$

$$回転期間（カ月）＝\frac{各資産残高}{平均月商}$$

したがって、下記の関係が成り立つ。

　回転率＝12÷回転期間

　回転期間＝12÷回転率

　各資産の合計は総資産であるから、各資産の回転期間の合計は、総資産回転期間（分母が共通の平均月商）となる。

　よって、肢3）は不適切である。

正解　3）

3 － 9　総資産回転率の低下要因

> 《問》総資産回転率の低下の原因とならないものは次のうちどれか。ただ
> し、各選択肢に記載のない事項については、考慮しないものとす
> る。
> 1 ）売上債権回転期間が長期化している。
> 2 ）平均月商が増加している。
> 3 ）不良在庫が発生している。
> 4 ）大型設備投資を行っている。

・解説と解答・

　総資産回転率は、売上高÷総資産で表され、売上高に対し相対的に総資産が
増加する場合、あるいは総資産に対し相対的に売上高が減少する場合に値が低
下する。
1 ）総資産回転率の低下の原因となる。売上債権回転期間（売上債権残高÷平
　　均月商）の長期化は売上債権残高の相対的増加を意味するため、総資産の
　　相対的増加となる。
2 ）総資産回転率の低下の原因とはならない。売上高の増加により総資産回転
　　率が上昇することとなる。
3 ）総資産回転率の低下の原因となる。
4 ）総資産回転率の低下の原因となる。

<u>正解　2 ）</u>

3－10　売上債権残高の変動

《問》売上債権残高が増加した場合に表れる影響として、次のうち最も不
　　適切なものはどれか。ただし、各選択肢に記載のない事項について
　　は、考慮しないものとする。
1）売上債権回転期間が長期化する。
2）収支ズレが大きくなる。
3）キャッシュ・フローが増加する。
4）所要運転資金額が増加する。

・解説と解答・

1）適切である。「売上債権回転期間（カ月）＝売上債権残高÷平均月商」であ
　る。また、売上債権回転率は、売上高を売上債権残高で除したものであ
　り、この数値が低下しているときは、売掛先（得意先）の資金繰りが苦し
　くなっている可能性や、翌期分の売上を当期に繰上げて計上した可能性が
　あるので注意が必要である。
2）適切である。収支ズレとは、売上債権回転期間と棚卸資産回転期間の合計
　と仕入債務回転期間の差である。これは営業資金の回収と支払のズレによ
　り生ずる運転資金の立替期間ということになる。収支ズレは、平均月商を
　基準にした運転資金の必要割合を示し、この立替期間が長いと必要運転資
　金が増加する。所要運転資金（売上債権＋棚卸資産－仕入債務）を平均月
　商で除したものが収支ズレとなる。
3）不適切である。売上債権（資産）の増加は、資金回収の遅れとしてキャッ
　シュ・フローの減少となる。
4）適切である。「所要運転資金＝売上債権＋棚卸資産－仕入債務」である。
　そのため、売上債権残高が増加すると、所要運転資金が増加することとな
　る。

正解　3）

3 −11　棚卸資産

《問》棚卸資産に関する次の記述のうち、最も不適切なものはどれか。
1 ）棚卸資産が増加すると、所要運転資金も増加する。
2 ）不良在庫が発生すると、棚卸資産回転率は上昇する。
3 ）棚卸資産回転期間を算出する場合、分母を平均月商とするのが一般的である。
4 ）不動産業者が販売用として保有する土地は、棚卸資産に計上される。

・解説と解答・

1 ）適切である。「所要運転資金＝売上債権＋棚卸資産−仕入債務」であるから、棚卸資産が増加すると、所要運転資金は増加する。
2 ）不適切である。「棚卸資産回転率＝年売上高÷棚卸資産」であるから、資産残高が増加し、棚卸資産回転率は低下する。
3 ）適切である。
4 ）適切である。販売用不動産は、購入代価のみでなく、土地や建物を仕入れた際に支払った仲介手数料等も含めて棚卸資産となる。

正解　2 ）

3−12　回転期間

《問》資産・負債の回転期間に関する次の記述のうち、最も不適切なもの
はどれか。
1）売上高が増加すると、売上債権回転期間は長期化する。
2）不良在庫が発生すると、棚卸資産回転期間は長期化する。
3）仕入債務回転期間が長期化すると、所要運転資金は減少する。
4）各資産の回転期間の合計は、総資産回転期間に一致する。

・解説と解答・

　一般に、回転期間の変化には次のような要因が考えられるので、その内容の
調査を行うことが必要である。
①売上債権回転期間の長期化……回収遅延や回収不能などの不良債権の発生、
　取引条件の悪化や企業の販売政策から回収条件を緩やかにして売上増加を企
　図する場合、期末に売上が集中し売上債権残高がふくらむ場合など。
②売上債権回転期間の短期化……販売先の信用不安から回収を急いだり、自社
　の資金繰り悪化から回収を早めたりと、過去の不良債権の回収や損失処理な
　どを行った場合の変化として現れる。
③棚卸資産回転期間の長期化……販売不振による在庫の増加や不良在庫の発生
　が要因として考えられるが、政策的な一時的在庫積み増し（販売促進活動の
　ための仕入、人気・品薄品、値上がり見込商品等の一括大量仕入）の可能性
　もある。また、棚卸資産を水増しすることにより架空の利益を計上する粉飾
　にも注意が必要である。
④棚卸資産回転期間の短期化……売上急増による在庫の払底、滞貨の安値処分
　による変化。
⑤仕入債務回転期間の長期化……自社資金繰りの改善のために支払期間を延ば
　す場合がある。
⑥仕入債務回転期間の短期化……仕入先に対して、支払条件を優遇して安値仕
　入を行うことや、仕入先へ支援目的で支払優遇として早期に支払う場合は短
　期化される。一方、自社の信用悪化から支払条件を短期化される場合もあ
　る。

1）不適切である。「売上債権回転期間（カ月）＝売上債権÷平均月商」で表されるので、売上高（平均月商）が増加すると、その他の条件が変わらない限り、売上債権回転期間は短縮化する。

2）適切である。不良在庫の発生により棚卸資産が増加し、売上高（平均月商）が変わらないとすると、棚卸資産回転期間（棚卸資産÷平均月商）は長期化する。

3）適切である。仕入債務回転期間が長期化すると、仕入債務残高は増加するので、「売上債権＋棚卸資産－仕入債務」で算出される所要運転資金は減少する。

4）適切である。各資産を分子、平均月商を分母として算出される各資産の回転期間は、それぞれ独立した意味をもつが、各資産の合計は総資産となるから、それを平均月商で除した結果と一致する。

<u>正解　1）</u>

3 −13 回転期間の算出

《問》以下の〈資料〉から、各種回転期間を算出して当期と前期を比較した場合、次のうち最も適切なものはどれか。なお、回転期間は月単位とし、小数点以下第2位を四捨五入すること。

〈資料〉 （単位：百万円）

	前 期	当 期
年 間 売 上 高	1,788	2,148
売 上 債 権 残 高	1,043	1,432
棚 卸 資 産 残 高	119	162

1）売上債権回転期間は短期化したが、棚卸資産回転期間は長期化した。

2）売上債権回転期間は長期化したが、棚卸資産回転期間は短期化した。

3）売上債権回転期間、棚卸資産回転期間ともに短期化した。

4）売上債権回転期間、棚卸資産回転期間ともに長期化した。

・解説と解答・

　回転期間は、売上債権、棚卸資産（商品）、仕入債務の各回転期間の算出にあたり、便宜的に共通の分母として売上高（月商）を充てることになっている。共通の分母とすることで、「各資産の回転期間合計＝総資産回転期間」となり、各資産の運用効率を比較検討することが可能となる。

　売上債権回転期間における売上債権とは、受取手形と売掛金の合計額である。したがって、売上債権回転期間は、商品等を販売してから売上代金が回収されるまでの期間を意味する。売上債権回転期間は、短いほど回収が早く、資本の運用効率がよいことになる。なお、回転率、回転期間の算出にあたっては、売上債権に貸借対照表の脚注表示の割引手形、裏書譲渡手形を加算して算出するので注意が必要である。

$$売上債権回転期間（カ月）＝\frac{売上債権残高}{平均月商}$$

　棚卸資産回転期間は、月商の何カ月分の在庫があるかという手持ち期間を表し、現在の在庫が何カ月で入れ替わるかを意味する。棚卸資産の回転期間は、

欠品が生じない範囲でその期間が短ければ短いほど資本の運用効率がよいことになる。

$$棚卸資産回転期間（カ月）＝\frac{棚卸資産残高}{平均月商^{※}}$$

　仕入債務回転期間における仕入債務とは、支払手形と買掛金の合計金額である。したがって、仕入債務回転期間は、商品等を仕入れてから何カ月で支払うか、つまり仕入代金の支払期間を表すものである。

$$仕入債務回転期間（カ月）＝\frac{仕入債務残高}{平均月商^{※}}$$

※１カ月当たりの仕入高・売上原価を使うこともある。

	前　期	当　期
売上債権回転期間	7.0カ月	8.0カ月
棚卸資産回転期間	0.8カ月	0.9カ月

※平均月商を算出すると、前期149百万円、当期179百万円となる。

正解　4）

3－14　棚卸資産回転期間の長期化

《問》棚卸資産回転期間が長期化した場合に表れる影響として、次のうち
　　　最も不適切なものはどれか。
1）当座比率が上昇する。
2）棚卸資産回転率が低下する。
3）収支ズレが大きくなる。
4）所要運転資金額が増加する。

・解説と解答・

$$棚卸資産回転期間（カ月）＝\frac{棚卸資産残高}{平均月商}$$

1）不適切である。当座資産には棚卸資産を含まないので、棚卸資産回転期間
　の長期化（棚卸資産残高の増加）は当座比率には影響を与えない。

2）適切である。棚卸資産回転率（回）＝$\dfrac{12}{棚卸資産回転期間}$より、棚卸資産回

　転期間が長期化すると、棚卸資産回転率は低下する。

3）、4）適切である。「売上債権＋棚卸資産－仕入債務（各残高）」で算出さ
　れる所要運転資金額は増加し、各回転期間から算出される収支ズレも大き
　くなる。

正解　1）

3 －15　回転期間を用いた売上債権残高の算出

《問》平均月商200百万円、売上債権残高600百万円である企業について、平均月商が10％増加するとともに、売上債権回転期間が1カ月長期化した場合の売上債権残高の増加額として、次のうち最も適切なものはどれか。
1)　 60百万円
2)　280百万円
3)　660百万円
4)　880百万円

・解説と解答・

現在の売上債権残高＝600百万円

現在の売上債権回転期間＝売上債権残高÷平均月商

$$＝600百万円÷200百万円$$
$$＝3.0カ月$$

平均月商が10％増加するとともに、売上債権回転期間が1カ月長期化した場合の売上債権残高を上記の売上債権回転期間を求める算式を応用して計算すると、以下のとおりとなる。

新しい売上債権残高＝平均月商×売上債権回転期間

$$＝200百万円×（1＋10％）×（3.0カ月＋1.0カ月）$$
$$＝880百万円$$

∴売上債権残高の増加額＝880百万円－600百万円

$$＝280百万円$$

正解　2)

3 −16 安全性分析（Ⅰ）

《問》以下の〈資料〉から算出されるＫ社の自己資本比率として、次の
うち最も適切なものはどれか。なお、Ｋ社は新株予約権を発行し
ていないものとし、答は％表示の小数点以下第１位を四捨五入する
こと。

〈資料〉

流動負債	72,562千円
固定負債	67,589千円
売上高	318,525千円
総資産回転率	1.25回

1）25％
2）36％
3）45％
4）65％

・解説と解答・

　自己資本比率は、総資産（負債と純資産の合計）に対する自己資本の割合を
示すもので、自己資本の充実度合いを表す。自己資本は返済負担のない資金で
あり、自己資本比率が高いほど、安全性は高くなる。自己資本には、過去の利
益の蓄積である利益剰余金が含まれるので、純資産の構成割合に注目し、過去
の収益力や経営者の内部留保への経営姿勢を判断することが必要である。

総資産回転率＝売上高÷総資産より、
総資産＝売上高÷総資産回転率

また、Ｋ社は新株予約権を発行していないので、
自己資本＝純資産＝総資産−流動負債−固定負債
　　　　　＝（売上高÷総資産回転率）−流動負債−固定負債
　　　　　＝（318,525千円÷1.25回）−72,562千円−67,589千円
　　　　　＝114,669千円

∴自己資本比率（％）＝自己資本÷総資産
　　　　　　　　　　＝自己資本÷（売上高÷総資産回転率）
　　　　　　　　　　＝114,669千円÷254,820千円
　　　　　　　　　　＝45％

正解　3）

〈参考〉
　貸借対照表の純資産の部は、下記のような分類となっている。

純資産 ┌ 自己資本 ┌ 株主資本 ┌ ・資本金
       │   │   │ ・資本剰余金
       │   │   │ ・利益剰余金
       │   │   │ ・自己株式等
       │   └ 評価・換算差額
       └ 新株予約権

3 −17　安全性分析（Ⅱ）

《問》安全性分析に関する次の記述のうち、最も不適切なものはどれか。

1）流動比率は、流動負債に対する流動資産の割合を把握する財務分析
　指標であるが、業種等によって水準が大きく異なるため、同業他社
　比較や時系列比較が重要となる。

2）現金・預金比率とは、流動負債に対する現金・預金の割合を把握す
　る財務分析指標であり、1年超の固定性・拘束性預金を除外してい
　るかに留意する必要がある。

3）負債比率とは、総資産に対する負債の割合を把握する財務分析指標
　であり、「負債」という支払義務を「資産」という支払手段で担保
　するという考え方に基づいている。

4）固定比率とは、株主資本（自己資本）に対する固定資産の割合を把
　握する財務分析指標であり、固定資産が返済不要の株主資本（自己
　資本）で充当されている程度を分析している。

・解説と解答・

　「流動比率」とは、流動負債に対する流動資産の割合を示し、静態的安全性
分析では最も重要視されている。流動比率は、高いほど安全性（支払能力）が
高いことを意味する。この比率は200％以上が目安とされているが、優良企業
でも120〜130％程度が一般的である。比率は業種によっても水準が大きく異な
るので、同業他社比較や時系列比較により判断する必要がある。

$$流動比率（％）＝\frac{流動資産}{流動負債}$$

　「当座比率」とは、流動負債に対する当座資産の比率をいう。当座資産とは、
流動資産のなかでも資金化（現金化）の早い、現金・預金、受取手形、売掛
金、売買目的で所有する一時所有有価証券をいう。当座比率は、その数値が高
いほど安全性が高いことになる。一般的に、当座比率は100％以上が望ましい
とされているが、実務上は流動比率の半分以上であることが一応の目安とな
る。当座比率も同業他社比較、時系列比較が必要である。

$$当座比率（％）＝\frac{当座資産\left(\begin{matrix}現金・\\預金\end{matrix}＋\begin{matrix}受取\\手形\end{matrix}＋売掛金＋\begin{matrix}一時所有\\有価証券\end{matrix}\right)}{流動負債}$$

　「現金・預金比率」とは、流動負債に対する現金・預金の比率を見る指標である。手元流動性比率とも呼ばれ、即時支払能力を示し、その数値が高いほど安全性が高いことになる。このため、現金・預金は、全額が即時に支払手段に充当可能な資金に限定され、通常は定期性預金を含まない。その反面、現金・預金比率が高い場合には、資産が有効に活用されておらず、効率が悪いことが想定される。現金・預金比率は、おおよそ20％以上が理想とされているが、業種によりばらつきが見られる。また、月商ベースで見た場合には、おおよそ1カ月分程度を保有すれば十分だと考えられる。この比率も同業他社比較、時系列比較が必要である。

$$現金・預金比率（\%）= \frac{現金・預金（除く定期性預金）}{流動負債}$$

1）適切である。
2）適切である。
3）不適切である。負債比率とは、株主資本（自己資本）に対する負債の割合を把握する財務分析指標であり、「負債」という支払義務を、「株主資本（自己資本）」で担保するという考え方に基づいている。
4）適切である。

正解　3）

3-18 安全性分析（Ⅲ）

《問》以下の〈資料〉から算出されるK社の負債比率として、次のうち最も適切なものはどれか。なお、K社は新株予約権を発行しておらず、非支配株主は存在しない。また、負債比率の算出にあたっては、％表示の小数点以下第1位を四捨五入すること。

〈資料〉K社

流動負債	61,411千円
固定負債	50,899千円
売上高	240,132千円
総資産回転率	1.2回

1) 58%
2) 70%
3) 128%
4) 183%

・解説と解答・

「負債比率」は、株主資本（自己資本）に対する負債の割合を表す指標である。負債という支払義務のある債務と株主資本（自己資本）との割合で、企業資本の構成の安全性、特に他人資本への依存度を示す指標であり、この比率が低いほど安全性が高いことになる。

総資産回転率＝売上高÷総資産より、

総資産＝売上高÷総資産回転率

また、K社は新株予約権を発行しておらず、非支配株主も存在しないため、

自己資本＝純資産＝総資産－流動負債－固定負債

　　　　＝（売上高÷総資産回転率）－流動負債－固定負債

　　　　＝（240,132千円÷1.2回）－61,411千円－50,899千円

　　　　＝200,110千円－61,411千円－50,899千円＝87,800千円

負債比率＝（流動負債＋固定負債）÷自己資本

　　　　＝（61,411千円＋50,899千円）÷87,800千円

　　　　＝127.9…％≒128%

正解　3)

3 - 19 安全性分析（Ⅳ）

《問》以下の〈資料〉から算出される①固定比率および②固定長期適合率
の組合せとして、次のうち最も適切なものはどれか。なお、各指標
の算出にあたっては、％表示の小数点以下第 1 位を四捨五入するこ
と。

〈資料〉　　　　　　　　　　　　　　　（単位：百万円）

流動資産	4,000	流動負債	2,300
固定資産	2,900	固定負債	1,100
		純資産（自己資本）	3,500
合計	6,900	合計	6,900

1)　①　83%　②　63%
2)　①　83%　②114%
3)　①264%　②　63%
4)　①264%　②114%

● 解説と解答 ●

　「固定比率」は、固定資産が返済負担のない株主資本（自己資本）でどの程
度賄われているかを表す指標で、低いほど安全性が高いことになる。なお、繰
延資産を固定資産に含めずに算出する場合があるので、比較対象の指標の算出
基準には注意が必要である。

　「固定長期適合率」は、固定資産が株主資本と返済期間の長い安定した長期
固定負債によりどの程度賄われているかを見る指標である。固定長期適合率
は、100%以内となることが望ましく、100%以上の場合、超過分は短期資金
（流動負債）で調達され、財務の健全性、安定性が損なわれている状態となる。

固定比率（%）＝固定資産÷純資産（自己資本）
　　　　　　　＝2,900百万円÷3,500百万円＝82.8…%≒83%…①
固定長期適合率（%）＝固定資産÷（純資産（自己資本）＋固定負債）
　　　　　　　＝2,900百万円÷（3,500百万円＋1,100百万円）
　　　　　　　＝63.0…%≒63%…②

<u>正解　1)</u>

3-20 当座比率・流動比率

《問》当座比率と流動比率に関する次の記述のうち、最も適切なものはどれか。

1) 棚卸資産に不良在庫が含まれているかどうかは、流動比率の数値のみでは断定できないので、その水準だけではなく資産内容にも関心を持つべきである。

2) 長期借入金を1年基準に基づいて厳密に区分計上しても、流動比率の数値には変わりがない。

3) 仕入代金の支払条件を変更すると、当座比率には影響するが、流動比率には影響しない。

4) 棚卸資産の期末棚卸高を水増しした場合、当座比率にも流動比率にも影響を与える。

・解説と解答・

1) 適切である。実務上は算出数値の良否判断だけではなく、特に水準が高い場合、あるいは前期比急騰している場合は、資産内容の「質」の面に関心を持つべきである。

2) 不適切である。1年以内に要返済の長期借入金は、固定負債から流動負債へ移されるので、当座比率、流動比率の数値は変化する。

3) 不適切である。支払条件の変更は、買掛金や支払手形の残高に影響を与えるので、当然、当座比率のみならず流動比率も変わることになる。

4) 不適切である。粉飾などによる期末在庫の水増しは、棚卸資産の増加となるので、流動比率は前期比上昇するが、当座比率には影響しない。

正解　1)

3-21 安全性比率分析

《問》以下の〈比較貸借対照表〉から各財務比率を算出し、当期と前期を比較した場合の記述として、次のうち最も不適切なものはどれか。

〈比較貸借対照表〉 (単位：百万円)

借　　方	前期	当期	貸　　方	前期	当期
流 動 資 産	520	600	流 動 負 債	400	500
（うち当座資産）	(360)	(500)	固 定 負 債	200	200
固 定 資 産	360	400	純 資 産	280	300
合　　計	880	1,000	合　　計	880	1,000

1）当座比率は、悪化した。
2）流動比率は、悪化した。
3）固定比率は、悪化した。
4）固定長期適合率は、悪化した。

解説と解答

$$当座比率（\%）= \frac{当座資産}{流動負債}$$

$$流動比率（\%）= \frac{流動資産}{流動負債}$$

$$固定比率（\%）= \frac{固定資産}{純資産}$$

$$固定長期適合率（\%）= \frac{固定資産}{純資産＋固定負債}$$

したがって、当期と前期を比較すると以下のとおりとなる。

	前期	当期	比較
当 座 比 率	90.0%	100.0%	良　化
流 動 比 率	130.0%	120.0%	悪　化
固 定 比 率	128.6%	133.3%	悪　化
固定長期適合率	75.0%	80.0%	悪　化

<u>正解　1）</u>

3−22　安全性比率の算出

> 《問》以下の〈資料〉に関する次の記述のうち、最も不適切なものはどれ
> か。
>
> 〈資料〉
> （単位：百万円）
>
> | 流　動　資　産 | 1,000 | 流　動　負　債 | 800 |
> |---|---|---|---|
> | （うち売上債権 | 400) | （うち仕入債務 | 380) |
> | （うち棚卸資産 | 300) | 固　定　負　債 | 300 |
> | 固　定　資　産 | 600 | 自己資本(純資産) | 500 |
> | 合　　　計 | 1,600 | 合　　　計 | 1,600 |
>
> ※年売上高は2,400百万円である。
> 1）負債比率は、220.0％である。
> 2）固定長期適合率は、120.0％である。
> 3）収支ズレは、1.6カ月である。
> 4）売上債権回転率は、6.0回である。

・解説と解答・

1）適切である。
　　負債比率（％）＝負債÷自己資本
　　　　　　　　＝（800百万円＋300百万円）÷500百万円＝220.0％

2）不適切である。
　　固定長期適合率（％）＝固定資産÷（固定負債＋自己資本）
　　　　　　　　　　　＝600百万円÷（300百万円＋500百万円）＝75.0％

3）適切である。
　　収支ズレ（カ月）＝（売上債権＋棚卸資産−仕入債務）÷平均月商
　　　　　　　　　＝（400百万円＋300百万円−380百万円）
　　　　　　　　　　÷（2,400百万円÷12）＝1.6カ月

4）適切である。
　　売上債権回転率（回）＝年売上高÷売上債権
　　　　　　　　　　　＝2,400百万円÷400百万円＝6.0回

正解　2）

3 − 23　固定比率

《問》固定比率に関する次の記述のうち、最も不適切なものはどれか。なお、記載のない事項については、考慮しないものとする。

1 ）増資によって得られた資金を現金・預金（流動資産）で保有すると、固定比率は低下（良化）する。
2 ）手持資金で設備投資を行うと、固定比率は上昇（悪化）する。
3 ）手持資金で長期の有価証券投資を行うと、固定比率は低下（良化）する。
4 ）投資有価証券を帳簿価額で売却すると、固定比率は低下（良化）する。

・解説と解答・

$$固定比率（\%）＝\frac{固定資産}{株主資本（自己資本）}$$

1 ）適切である。株主資本（自己資本）および流動資産が増加するが、固定資産に変化はないので固定比率は低下する。
2 ）適切である。流動資産が減少し固定資産が増加するので固定比率は上昇する。
3 ）不適切である。肢 2 ）と同様に、流動資産が減少し固定資産が増加するので固定比率は上昇する。
4 ）適切である。固定資産が減少し流動資産が増加するので固定比率は低下する。

正解　3 ）

3-24　固定比率および固定長期適合率の変動要因

《問》企業行動が、固定比率および固定長期適合率に与える影響について、次のうち最も不適切なものはどれか。なお、固定資産の売却・除却はなく、記載のない事項については、考慮しないものとする。
1）新たに設備投資を行うと、両比率とも悪化する。
2）増資を行うと、両比率とも良化する。
3）長期借入を行うと、両比率とも良化する。
4）減価償却を行うと、両比率とも良化する。

・解説と解答・

$$固定比率（％）= \frac{固定資産}{株主資本（自己資本）}$$

$$固定長期適合率（％）= \frac{固定資産}{株主資本（自己資本）+固定負債}$$

したがって、両比率とも低いほどよいとされる。
1）適切である。固定資産増加により両比率が上昇（悪化）する。
2）適切である。株主資本（自己資本）の増加により両比率とも低下（良化）する。
3）不適切である。長期借入金の増加は、固定負債の増加であり、固定長期適合率のみ低下（良化）する。
4）適切である。固定資産の減少により両比率とも低下（良化）する。

正解　3）

3－25　株主資本（自己資本）比率

《問》株主資本（自己資本）比率に関する次の記述のうち、最も適切なものはどれか。

1）株主資本（自己資本）比率が高水準である企業は、金融費用負担率も高い。

2）株主資本（自己資本）比率は、使用資本の調達面での安定度を測定することによって、企業の安全性を判定しようとするものである。

3）株主資本（自己資本）比率は、株主資本（自己資本）に対する他人資本の割合をいい、この割合は高ければ高いほどよいとされている。

4）株主資本（自己資本）比率の水準は、おおむね15％以上あれば良好と判定してよい。

・解説と解答・

　株主資本（自己資本）比率は、「株主資本（自己資本）÷総資産（％）」で示されるように、資本の調達面から企業の安定性を測定しようとするものである。数値が高いほど株主資本（自己資本）の割合が高いので、安定性は良好と判断される。

1）不適切である。株主資本（自己資本）比率の高い企業は、一般に、他人資本コスト（支払利息など）が低くなる傾向があり、記述のように金融費用負担率は高くなると断言するのは誤りである。

2）適切である。

3）不適切である。記述は負債比率を示すものであり、この割合は低いほどよいとされる。

4）不適切である。株主資本（自己資本）比率の水準は、50％以上が望ましいとされているものの、業種、業態によりさまざまであり、記述のように「15％以上あれば良好」と断定することは避けるべきである。

正解　2）

3-26　諸比率の比較

《問》以下の〈資料〉に関する次の記述のうち、最も不適切なものはどれか。

〈資料〉

	A社	B社
株主資本（自己資本）比率	26.7%	19.5%
固　定　比　率	117.8%	136.0%
固 定 長 期 適 合 率	110.5%	93.6%

1）B社は、A社より株主資本（自己資本）充実度が低い。
2）B社は、A社より固定負債と株主資本（自己資本）で固定資産を調達できている度合いが低い。
3）B社は、A社より固定資産を固定負債で調達している度合いが高い。
4）B社、A社とも株主資本（自己資本）を超えて固定資産投資を行っている。

・解説と解答・

$$株主資本（自己資本）比率（\%）＝\frac{株主資本（自己資本）}{総資産}$$

$$固定比率（\%）＝\frac{固定資産}{株主資本（自己資本）}$$

$$固定長期適合率（\%）＝\frac{固定資産}{株主資本（自己資本）＋固定負債}$$

肢1）、4）は適切である。

B社はA社より固定長期適合率が低いので、固定負債と株主資本（自己資本）で固定資産を調達できている度合いがA社より高く、肢2）は不適切である。また、B社はA社よりも固定比率が高いので、固定資産を株主資本（自己資本）で調達している度合いは、A社よりも低い。

これら2つにより、B社はA社よりも固定資産を固定負債で調達している度合いが高いといえる。よって、肢3）は適切である。

正解　2）

3－27 限界利益・限界利益率

《問》損益分岐点分析における限界利益（率）に関する次の記述のうち、
　　最も適切なものはどれか。
1）売上高に対する変動費＋利益の割合を、限界利益率という。
2）売上高に対する固定費の割合を、限界利益率という。
3）売上高から固定費を控除した金額を、限界利益という。
4）売上高から変動費を控除した金額を、限界利益という。

・解説と解答・

　損益分岐点分析とは、損益分岐点売上高（利益がゼロとなる売上高）を算出し、これを基準に収益の安定性を判定するものである。企業の実際の売上高が大きく損益分岐点売上高を上回っていれば、多少売上が減少しても利益は確保される体質を備えていることになる。

　損益分岐点を算出するには、まず、費用を変動費と固定費に分解する必要がある。変動費とは、売上高、操業度の変化に比例して増減する費用をいい、商業では売上原価が該当する。固定費とは、売上高、操業度のいかんにかかわらず必要となる費用で、人件費、支払利息、減価償却費、不動産賃料、固定資産税などがある。

　費用の分解には、個別法と総費用法がある。個別費用法は、各費用項目をその性質に基づいて個別に固定費と変動費に分別する方法である。損益分岐点分析における、売上高、変動費、固定費、限界利益、利益の関係は下記のとおりである。

売上高	変動費	
	限界利益	固定費
		利益

　したがって、限界利益＝売上高－変動費であるから、肢4）が適切である。この限界利益が固定費以上にならないと、実質的な営業赤字に陥る。

　損益分岐点分析の基本式は、「売上高－（変動費＋固定費）＝利益」である。損益分岐点分析の利益は、一般に、財務活動による営業外損益を加減した経常利益が用いられることが多い。

売上高＝（変動費＋固定費）＋利益

限界利益＝売上高－変動費

$\qquad$ ＝固定費＋利益（固定費＝限界利益－利益）

限界利益率＝$\dfrac{限界利益}{売上高}$

$\qquad$ ＝$1-\dfrac{変動費}{売上高}$

$\qquad$ ＝$1-$変動費率

損益分岐点売上高＝$\dfrac{固定費}{限界利益率}$

$\qquad$ ＝$\dfrac{固定費}{1-\dfrac{変動費}{売上高}}$

<u>正解　4）</u>

3－28　損益分岐点分析と総費用の分解

《問》損益分岐点分析および総費用の分解に関する次の記述のうち、最も
　　適切なものはどれか。
1) 損益分岐点分析の損益は、経常損益段階を前提としたものであり、
　　営業損益段階で分析することはできない。
2) 損益分岐点分析は、一般に、企業内部での管理会計目的で利用され
　　る手法であり、企業外部からの分析は困難である。
3) 総費用の分解手法の1つである総費用法は、2期間の費用の増加分
　　をすべて固定費と見なす方法である。
4) 総費用の分解手法の1つである個別費用法では、過去に公表された
　　中小企業庁の「中小企業の原価指標」や日本銀行の「主要企業経営
　　分析」の分析区分や項目等を参考に各費用項目を分別する。

・解説と解答・

　費用の分解には、個別法と総費用法がある。個別費用法は、各費用項目をそ
の性質に基づいて個別に固定費と変動費に分別する方法である。
1) 不適切である。損益分岐点分析の損益は、経常損益段階で考える場合と、
　　営業損益段階で考える場合がある。
2) 不適切である。損益分岐点分析は企業内部での管理会計目的で利用される
　　とともに、企業外部からの分析にも利用される。
3) 不適切である。総費用の分解手法のひとつである総費用法は、2期間の売
　　上の増加に対応する費用の増加分をすべて変動費と見なす方法である。
4) 適切である。

正解　4)

3-29　予想利益の算出

《問》以下の〈資料〉から算出されるＫ社の当期の予想利益として、次の
うち最も適切なものはどれか。なお、Ｋ社の当期の限界利益率は前
期と変わらず、当期の固定費が前期比20百万円増加するものとす
る。

〈資料〉Ｋ社

前期売上高	450百万円
前期限界利益率	40％
前期利益	50百万円
当期予想売上高	500百万円

1）30百万円
2）40百万円
3）50百万円
4）60百万円

● 解説と解答 ●

前期限界利益率＝前期限界利益÷前期売上高より、

前期限界利益＝前期売上高×前期限界利益率

また、前期売上高－前期変動費＝前期限界利益

　　　　　　　　　　　　　＝前期売上高×前期限界利益率より、

前期売上高－前期変動費－前期利益＝前期固定費

　　　　　　　前期固定費＝前期売上高×前期限界利益率－前期利益

　　　　　　　　　　　　＝450百万円×40％－50百万円

　　　　　　　　　　　　＝130百万円

利益＝売上高－（固定費＋変動費）の前提より、

∴当期予想利益＝当期限界利益－当期固定費

　　　　　　　＝当期予想売上高×当期限界利益率－当期固定費

　　　　　　　＝500百万円×40％－（130百万円＋20百万円）

　　　　　　　＝50百万円

正解　3）

3－30　損益分岐点分析の応用

《問》前期の売上高および費用が下記の〈資料〉のとおりであるとき、当
期の利益額を前期より15％増加させるために必要となる売上高とし
て、次のうち最も適切なものはどれか。ただし、変動費率および固
定費は、前期から当期にかけて変わらないものとする。

〈資料〉　　　　　　　（単位：千円）

売　　上　　高	350,000
変　　動　　費	245,000
固　　定　　費	87,500

1）356,087千円
2）358,750千円
3）379,167千円
4）402,500千円

・解説と解答・

当期利益＝（売上高－変動費－固定費）×（1＋15％）

　　　　＝（350,000千円－245,000千円－87,500千円）×（1＋15％）

　　　　＝20,125千円

当期変動費率＝前期変動費率＝245,000千円÷350,000千円

　　　　　　　　　　　　　＝70％

∴必要売上高＝$\dfrac{固定費＋目標利益}{1－変動費率}$

　　　　　　＝$\dfrac{87,500千円＋20,125円}{1－70％}$

　　　　　　＝358,750千円

正解　2）

3－31　損益分岐点比率と経営安全率

《問》損益分岐点比率および経営安全率に関する次の記述のうち、最も不適切なものはどれか。
1）損益分岐点比率が高いほど、企業の収益構造は良好であるといえる。
2）経営安全率が高いほど利益に余裕があり、経営の安全性は高いといえる。
3）経営安全率は、「1－損益分岐点比率（％）」で計算される。
4）損益分岐点比率は、「損益分岐点売上高÷実際の売上高（％）」で計算される。

・解説と解答・

損益分岐点分析による収益体質の判断は、損益分岐点比率、もしくは経営安全率による。

損益分岐点比率とは、実際の売上高に対する損益分岐点売上高の割合であり、この比率が低いほど、安全性（収益性）が優れていることになる。

$$損益分岐点比率（％）＝\frac{損益分岐点売上高}{実際の売上高}$$

経営安全率とは、実際の売上高のうち、損益分岐点（売上高）を超える金額（安全余裕額）が何％あるかを見る比率である。経営安全率は、高いほど収益力に余裕があり、売上高の減少や経費の増加があった場合にもある程度の利益を確保する収益体質を備えていることを示し、経営の安全性が高いことになる。

$$経営安全率（％）＝1－損益分岐点比率$$
$$＝\frac{実際の売上高－損益分岐点売上高}{実際の売上高}$$

したがって、肢1）が不適切である。

正解　1）

3－32　売上総利益増減分析

《問》以下の〈資料〉から分析できるＳ社の売上総利益の減少要因として、次のうち最も適切なものはどれか。なお、Ｓ社は１つの商品のみ販売しているものとする。

〈資料〉Ｓ社　　　　　　　　　　（単位：百万円）

	前期	当期
売上高	5,220	6,700
売上原価	4,454	6,207
売上総利益	766	493
販売量の増加率	―	45％

1）販売単価は増加したが、売上原価の増加が著しかったため。
2）販売数量の増加よりも、販売単価の低下が大きかったため。
3）販売数量の増加により、売上原価が急騰したため。
4）販売単価が低下し、併せて１個当たりの売上原価も増加したため。

・解説と解答・

(1)　売上高の増減分析

前期の販売単価Ｐ、同販売数量Ｍ、当期の販売単価Ｐ′、同販売数量Ｍ′とする。

①販売単価低下による売上高の減少	②販売数量増加による売上高の増加
…▲599百万円	…＋2,079百万円
Ｐ×Ｍ＝5,220百万円	Ｐ′×Ｍ＝4,621百万円
Ｐ′×Ｍ＝6,700百万円÷（1＋45％）	Ｐ′×Ｍ′＝6,700百万円
＝4,620.6…百万円	
≒4,621百万円	

売上高の増加（①＋②）＝6,700百万円－5,220百万円＝1,480百万円

(2)　売上原価の増減分析

前期の単位当たりコストをＣ、当期の単位当たりコストをＣ′とすると

③コストの変化による売上原価減少 …▲173百万円 C×M＝4,454百万円 C′×M＝6,207百万円÷（1＋45％） ＝4,280.6…百万円 ≒4,281百万円	④販売数量増加による売上原価の増加 …＋1,926百万円 C′×M＝4,281百万円 C′×M′＝6,207百万円

売上原価の増加（③＋④）＝6,207百万円－4,454百万円＝1,753百万円

　この結果、販売単価の低下により総利益が599百万円減少し、販売数量の増加によって153百万円（＝2,079百万円－1,926百万円）増加した。また、併せてコストの変化に伴う売上原価の減少によって173百万円増加し、結果として、売上総利益は273百万円（＝599百万円－153百万円－173百万円）減少した。

正解　2）

3 － 33 生産性分析

《問》設備生産性および労働装備率に関する次の記述のうち、最も不適切なものはどれか。

1) 労働装備率とは、建設仮勘定を控除した有形固定資産を従業員数で除したもので、資本集約的企業ほど高くなる傾向がある。

2) 設備生産性は設備投資動向の影響を受けるため、分析時点の数値だけでその良否を判断することは適切ではない。

3) 設備生産性とは、建設仮勘定を控除した有形固定資産を付加価値額で除したもので、生産設備の有効利用度を示す指標である。

4) 付加価値労働生産性は、設備生産性と労働装備率の積で表される。

・解説と解答・

1) 適切である。労働装備率が大きいことは、償却不足がないとすれば、それだけ生産の機械化や手段が充実していることを表す。したがって、資本集約的企業（大企業）ほど高くなり、労働集約的企業（中小企業）において低くなる傾向にある。

$$労働装備率（\%）=\frac{有形固定資産-建設仮勘定}{従業員数}$$

2) 適切である。設備生産性とは、設備投資効率ともいい、生産設備がいかに有効に利用されているかを示す指標である。生産設備の取得後の年数が長く、減価償却が進んではいるものの付加価値がある程度計上されている場合には、設備生産性の水準は高くなるが、将来的にはじり貧になる可能性がある。一方、設備生産性が低水準であっても、期中の新規設備あるいは合理化・省力化投資が先行し、それがいまだ業績に反映されていない段階では、将来的には設備生産性が上昇し、収益性向上に寄与する可能性がある。このように、現時点における設備生産性の数値だけを見て良否を判断するのではなく、その内容も併せて検討する必要がある。

$$設備生産性（\%）=\frac{付加価値額}{有形固定資産-建設仮勘定}$$

3) 不適切である。詳細は肢 2) の解説を参照。

4) 適切である。付加価値労働生産性とは、従業員 1 人当たりの付加価値額のことをいい、付加価値分析のなかで最も重視されている指標である。ま

た、付加価値労働生産性は、次のとおりさまざまな要素に分解することができる。

$$\frac{\text{付加価値}}{\text{労働生産性}} = \frac{\text{付加価値額}}{\text{従業員数}}$$

$$= \frac{\text{売上高}}{\text{従業員数}} \times \frac{\text{付加価値額}}{\text{売上高}} = \text{従業員1人当たり売上高} \times \text{付加価値率}$$

$$= \frac{\text{総資産}}{\text{従業員数}} \times \frac{\text{売上高}}{\text{総資産}} \times \frac{\text{付加価値額}}{\text{売上高}} = \text{資本集約度} \times \text{総資産回転率} \times \text{付加価値率}$$

$$= \frac{\text{有形固定資産} - \text{建設仮勘定}}{\text{従業員数}} \times \frac{\text{付加価値額}}{\text{有形固定資産} - \text{建設仮勘定}} = \frac{\text{労働}}{\text{装備率}} \times \frac{\text{設備}}{\text{生産性}}$$

<u>正解　3）</u>

3 − 34　付加価値

《問》付加価値に関する次の記述のうち、最も不適切なものはどれか。
1）控除法による付加価値は、売上高から原材料などを差し引いて算出するため、原材料費の圧縮を行うことは、付加価値率を向上させることになる。
2）設備投資を行っても、操業度が低下すれば売上増加に結び付かず、結局、有形固定資産回転率の低下として表れる。
3）付加価値労働生産性は、労働分配率と設備生産性に分解される。
4）付加価値率は、売上高における付加価値額が占める割合を表す比率である。

・解説と解答・

1）適切である。なお、付加価値の求め方には、売上高から前給付原価を差し引いて求める「控除法」とは別に、その構成要素を合計して求める「加算法」がある。
2）適切である。付加価値労働生産性は「労働装備率×設備生産性」で算出される。すなわち、付加価値は従業員 1 人当たりの有形固定資産の大きさを表す労働装備率と設備生産性（＝付加価値率×有形固定資産回転率）の相乗によって表される。なお、有形固定資産から建設仮勘定は控除する。
3）不適切である。付加価値労働生産性は労働装備率と設備生産性に分解される。
4）適切である。付加価値率は「付加価値額÷売上高」で算出する。

正解　3）

3－35　付加価値労働生産性の分析

《問》生産性分析における付加価値労働生産性の算出（分解）方法に関する次の記述のうち、最も不適切なものはどれか。
1）従業員1人当たり売上高に付加価値率を乗ずることにより算出される。
2）有形固定資産回転率に付加価値率を乗ずることにより算出される。
3）付加価値額を従業員数で除することにより算出される。
4）従業員1人当たり人件費を労働分配率で除することにより算出される。

解説と解答

付加価値労働生産性とは、従業員1人当たりどれだけ付加価値を生み出しているかを示す指標である。

$$付加価値労働生産性 = \frac{付加価値額}{従業員数}$$

労働生産性はさまざまな指標により分解することができる。

1）適切である（売上高による分解）。

$$付加価値労働生産性 = \frac{付加価値額}{従業員数}$$

$$= \frac{売上高}{従業員数} \times \frac{付加価値額}{売上高}$$

$$= 従業員1人当たり売上高 \times 付加価値額$$

2）不適切である。付加価値労働生産性の算出には、さらに労働装備率を乗じる。

$$付加価値労働生産性 = 労働装備率 \times 有形固定資産回転率 \times 付加価値率$$

なお、本肢の計算式では、設備生産性が算出される。

$$設備生産性 = \frac{付加価値額}{有形固定資産 - 建設仮勘定}$$

$$= \frac{売上高}{有形固定資産 - 建設仮勘定} \times \frac{付加価値額}{売上高}$$

$$= 有形固定資産回転率 \times 付加価値額$$

3）適切である。

$$付加価値労働生産性 = \frac{付加価値額}{従業員数}$$

4）適切である（人件費による分解）。

$$付加価値労働生産性 = \frac{付加価値額}{従業員数}$$

$$= \frac{人件費}{従業員数} \div \frac{人件費}{付加価値額}$$

$$= 従業員1人当たり人件費 \div 労働分配率$$

なお、このほかに労働装備率と設備生産性の積に分解することができる（設備投資による分解）。

$$付加価値労働生産性 = \frac{付加価値額}{従業員数}$$

$$= \frac{有形固定資産 - 建設仮勘定}{従業員数} \times \frac{付加価値額}{有形固定資産 - 建設仮勘定}$$

$$= 労働装備率 \times 設備生産性$$

<u>正解　2）</u>

3-36 付加価値による生産性分析

《問》付加価値による生産性分析に関する次の記述のうち、最も不適切な
ものはどれか。
1）従業員1人当たり人件費は、労働分配率と付加価値労働生産性に分
解される。
2）付加価値労働生産性は、労働装備率と設備生産性に分解される。
3）設備生産性は、有形固定資産回転率と付加価値率に分解される。
4）付加価値率は、付加価値労働生産性と従業員1人当たり売上高に分
解される。

●解説と解答●

1）1人当たり人件費 $= \dfrac{人件費}{従業員数}$

$= \dfrac{人件費}{付加価値額} \times \dfrac{付加価値額}{従業員数}$

$=$ 労働分配率 × 付加価値労働生産性

2）付加価値労働生産性 $= \dfrac{付加価値額}{従業員数}$

$= \dfrac{有形固定資産-建設仮勘定}{従業員数} \times \dfrac{付加価値額}{有形固定資産-建設仮勘定}$

$=$ 労働装備率 × 設備生産性

3）設備生産性 $= \dfrac{付加価値額}{有形固定資産-建設仮勘定}$

$= \dfrac{売上高}{有形固定資産-建設仮勘定} \times \dfrac{付加価値額}{売上高}$

$=$ 有形固定資産回転率 × 付加価値率

4）付加価値率 $= \dfrac{付加価値額}{売上高}$

$= \dfrac{付加価値額}{従業員数} \times \dfrac{従業員数}{売上高}$

付加価値率は、付加価値労働生産性と、従業員1人当たり売上高の逆数に分
解されるため、肢4）が不適切である。

正解　4）

3 － 37　労働生産性の算出

《問》以下の〈資料〉から算出される付加価値労働生産性として、次のう
　　　ち最も適切なものはどれか。

〈資料〉

年 間 売 上 高	7,560,000千円
年 間 人 件 費	300,000千円
従 業 員 数	60人
付 加 価 値 率	35%

1）　　3,500千円
2）　　5,000千円
3）　44,100千円
4）126,000千円

・解説と解答・

　付加価値労働生産性は「付加価値額÷従業員数」で算出される。

　一方、付加価値額は「年間売上高×付加価値率」から算出されるため、以下
のとおりになる。

　　　付加価値額＝7,560,000千円×35%

　　　　　　　　＝2,646,000千円

　∴付加価値労働生産性＝2,646,000千円÷60人

　　　　　　　　　　　＝44,100千円

正解　3）

3−38 労働分配率の算出

《問》下記の〈資料〉から算出される労働分配率として、次のうち最も適
切なものはどれか。

〈資料〉

| 年間売上高 | 624,000千円 | 付加価値率 | 70.0% |
| 年間人件費 | 327,600千円 | 有形固定資産残高 | 546,000千円 |

1) 52.5%
2) 60.0%
3) 75.0%
4) 87.5%

・解説と解答・

労働分配率は、付加価値額に対する人件費の割合を表す。労働分配率が高い
ことは、必ずしも賃金水準が高いことを意味せず、また、労働分配率が低いか
らといって賃金水準が低いとも限らないことに留意する必要がある。

労働分配率（%）＝人件費÷付加価値額
　　　　　　　＝人件費÷（売上高×付加価値率）
　　　　　　　＝327,600千円÷（624,000千円×70.0%）
　　　　　　　＝75.0%

正解　3)

3－39 労働装備率

> 《問》取引先企業から労働装備率を高めるための具体策についてアドバイスを求められている。最も適切なアドバイスは、次のうちどれか。
> 1）自動化作業の推進および受持台数を増加させるようなアドバイス
> 2）遊休設備の稼働化を促すアドバイス
> 3）原単位・歩留率を向上させるようなアドバイス
> 4）作業改善によって機械稼働率を向上させるようなアドバイス

・解説と解答・

　付加価値労働生産性の構成要素である付加価値率、労働装備率、有形固定資産回転率をそれぞれ高める方策について、列挙されたなかから労働装備率を高める方策を選ぶ設問である。

$$\underset{\text{（付加価値労働生産性）}}{\frac{\text{付加価値額}}{\text{従業員数}}} = \underset{\text{（付加価値率）}}{\frac{\text{付加価値額}}{\text{売上高}}} \times \underset{\text{（労働装備率）}}{\frac{\text{有形固定資産}}{\text{従業員数}}} \times \underset{\text{（有形固定資産回転率）}}{\frac{\text{売上高}}{\text{有形固定資産}}}$$

※有形固定資産は、建設仮勘定を除くものとする。

　なお、各要素を高める方策は以下のとおりである。

①付加価値率を高める方策……原単位（一定量の生産物をつくるために使用する、または排出するモノや時間などの量）の圧縮、歩留率の向上、原材料単価の引下げ、売上単価の上昇、製品構成の変更など。

②労働装備率を高める方策……自動化作業の推進、受持台数の増加、多能工の養成など。

③有形固定資産回転率を高める方策……遊休設備の稼働化、ネックの改善、2交替・3交替の実施、作業改善による機械稼働率の向上など。

　したがって、労働装備率を高めるために最も適切なアドバイスは、肢1）である。

正解　1）

3－40　配当性向の算出

《問》以下の〈資料〉から算出されるＫ社の配当性向として、次のうち最も適切なものはどれか。なお、Ｋ社は税効果会計を適用しておらず、非支配株主も存在しないものとする。また、配当性向の算出にあたっては、％表示の小数点以下第１位を四捨五入すること。

〈資料〉Ｋ社

配当金	20,396千円
税引前当期純利益	139,000千円
法人税等	47,680千円
資本金	64,439千円

1）15％
2）22％
3）32％
4）43％

● 解説と解答 ●

配当性向（％）＝配当金÷当期純利益
　　　　　　＝配当金÷（税引前当期純利益－法人税等）
　　　　　　＝20,396千円÷（139,000千円－47,680千円）
　　　　　　＝22.3…％≒22％

正解　2）

3－41　純資産配当率の算出

《問》以下の〈資料〉から算出されるK社の純資産配当率として、次のうち最も適切なものはどれか。なお、K社は税効果会計を適用しておらず、非支配株主も存在しないものとする。また、純資産配当率の算出にあたっては、％表示の小数点以下第1位を四捨五入すること。

〈資料〉K社

配当金	20,000千円
税引前当期純利益	90,000千円
法人税等	30,000千円
純資産	100,000千円

1）13%
2）20%
3）33%
4）50%

・解説と解答・

純資産配当率（％）＝配当金÷純資産
　　　　　　　　　＝20,000千円÷100,000千円
　　　　　　　　　＝20%

正解　2）

第4章

資金分析・企業実態の把握等

4－1　資金繰表の見方（Ⅰ）

《問》以下の〈資料〉から算出される当期の売上高として、次のうち最も
適切なものはどれか。

〈資料〉　　　　　　　　　　　　（単位：百万円）

①資金繰表による当期営業収入　　5,000
②貸借対照表残高
　　受取手形　前期末　300　　当期末　450
　　売掛金　　　〃　　200　　　〃　　300
　　前受金　　　〃　　 50　　　〃　　150

1）4,650百万円
2）4,850百万円
3）5,150百万円
4）5,350百万円

・解説と解答・

売上高＝営業収入＋受取手形増加額＋売掛金増加額－前受金増加額
　　　＝5,000百万円＋（450百万円－300百万円）
　　　　＋（300百万円－200百万円）－（150百万円－50百万円）
　　　＝5,150百万円

〈参考〉前受金はマイナスの売掛金と考えることに注意。

売上債権（受取手形・売掛金）		前　受　金	
前期末300	営業収入		前期末
200		売上高	50
売上高			営業収入
	当期末450	当期末	
	300	150	

売上高＝5,000百万円（＝営業収入）＋（450百万円＋300百万円＋50百万円）
　　　－（300百万円＋200百万円＋150百万円）
　　　＝5,150百万円

正解　3）

4-2 資金繰表の見方（Ⅱ）

《問》資金繰表に関する次の記述のうち、最も適切なものはどれか。
 1）手形の割引は、会計上、手持ち手形の売却として扱われ、資金繰表
　　では経常収支として扱われる。
 2）資金繰表には実績資金繰表と予定資金繰表があるが、資金管理の観
　　点からは、特に実績資金繰表が重要である。
 3）会社計算規則では、中小企業に対して資金繰表の作成を義務付けて
　　いる。
 4）売掛金の手形による回収は、現金収支に直接影響を与える。

・解説と解答・

1）適切である。なお、受取手形の割引料は「手形売却損」として処理する。
2）不適切である。資金繰表には実績資金繰表と予定資金繰表があるが、資金
　不足を未然に防ぐ資金管理の観点からは、特に予定資金繰表が重要であ
　る。
3）不適切である。資金繰表は管理会計のなかであくまで任意に作成されるも
　のであり、会社計算規則等で規定しているものではない。
4）不適切である。売掛金の手形による回収は、資金が増えるわけではないの
　で、直接現金収入とはならない。

正解　1）

4－3　資金繰表の見方（Ⅲ）

《問》資金繰表に直接計上される収支に関する次の記述のうち、最も適切
なものはどれか。
1) 貸倒引当金繰入額は、支出の欄に計上される。
2) 前払利息の未経過分は、支出の欄に計上される。
3) 減価償却費は、支出の欄に計上される。
4) 受取利息の未収分は、収入の欄に計上される。

・解説と解答・

資金繰表の収支は、資金（現金・要求払預金）の出入りを直接計上するもの
で、損益計算書上の収益・費用とは異なる。すなわち、貸倒引当金繰入や減価
償却費は、発生主義により認識するものであり、費用ではあるが直接の資金支
出とはならない。同様に、受取利息の未収分についても、発生主義による認識
であるため、いまだ収入とはならない。したがって、いずれも資金繰表には計
上されない。
1) 不適切である。
2) 適切である。前払利息は、未経過分であっても支払済みであるから、資金
繰表に計上される。
3) 不適切である。
4) 不適切である。

正解　2)

4 − 4　資金繰表における残高推移

《問》 9月末の買掛金残高が200百万円である企業において、10月中の仕
入高が75百万円（うち現金支払15百万円、買掛60百万円）、買掛金
手形支払が70百万円、支払手形決済が90百万円である場合、10月末
買掛金残高の金額として、次のうち最も適切なものはどれか。
1 ）110百万円
2 ）180百万円
3 ）190百万円
4 ）200百万円

・解説と解答・

　買掛金残高は、仕入により増加し、支払手形振出、現金支払により減少する
が、支払手形決済によっては変動しない。

　10月末買掛金残高

　　＝ 9月末買掛金残高＋仕入高−（現金仕入高＋支払手形仕入高＋買掛金現
　　　金支払高＋買掛金手形支払高）

　　＝200百万円＋75百万円−（15百万円＋ 0円＋ 0円＋70百万円）

　　＝190百万円

正解　3 ）

124

4－5　資金運用表

《問》　3区分資金運用表に関する次の記述のうち、最も適切なものはどれか。
1）減価償却費は、運転資金の調達欄に記載される。
2）仕入債務増加額は、運転資金の運用欄に記載される。
3）短期借入金増加額は、運転資金の調達欄に記載される。
4）貸倒引当金減少額は、運転資金の運用欄に記載される。

・解説と解答・

　資金運用表とは、2期間の貸借対照表をベースにし、各勘定科目の増減を資金の調達と運用に分類して一覧表とし、一定期間の資金の調達と運用がどのようになされ、それが企業の財務構成や資金繰りにどのように影響したか、調達と運用のバランスの良否を検証するものである。

　まず、貸借対照表の配列に準じて、固定資産と固定負債を「固定資金」（固定面）、流動資産と流動負債（現金・預金および割引手形と短期借入金を除く）を「運転資金」（流動面）として捉え、さらに短期借入金や割引手形、現金・預金の増減を「財務資金」（金融面）として捉える。

　資金運用表の作成にあたっては、まず、貸借対照表の各勘定科目の2期間の増減を算出して、負債、純資産の増加は資金の調達欄に、資産の増加は資金の運用欄に記入する。さらに、損益計算書より、資金のフローの発生（減価償却費、各種引当金の増加額などの現金支出を伴わない費用であり、自己金融効果を持つもの）を資金の調達欄に、損益計算書、株主資本等変動計算書より、納税資金および社外流出（配当金）を資金の運用欄にそれぞれ記入する。

1）不適切である。減価償却費は、固定資金の調達欄に記載される。
2）不適切である。仕入債務増加額は、運転資金の調達欄に記載される。
3）不適切である。短期借入金の増加額は、財務資金の調達欄に記載される。
4）適切である。記述のとおりである。

正解　4）

〈参考〉　3区分資金運用表の記載例

資金運用表　　　　　　　　　　（単位：百万円）

	運　用		調　達	
固定資金	税金支払	26	税引前当期純利益	40
	配当金支払	8	減価償却費	15
	設備投資	9	退職給付引当金増加額	2
	長期借入金返済額	10		
	固定資金余剰	4		
	合　計	57	合　計	57
運転資金	売上債権増加額	15	仕入債務増加額	20
	商品在庫増加額	3	その他流動負債増加額	2
	その他流動資産増加額	2		
	貸倒引当金減少額	1		
	運転資金余剰	1		
	合　計	22	合　計	22
財務資金	割引手形減少額	20	短期借入金増加額	10
			現金・預金減少額	5
			運転資金余剰	1
			固定資金余剰	4
	合　計	20	合　計	20

4－6 資金運用表の見方

《問》以下の〈資金運用表〉（運転資金、財務資金のみ抜粋）に関する次の記述のうち、最も不適切なものはどれか。

〈資金運用表〉 (単位：百万円)

	運　用		調　達		過不足
運転資金	売　掛　金　増　加	60	支払手形増加	400	
	棚　卸　資　産　増　加	60	買　掛　金　増　加	220	
	その他流動資産増加	20	その他流動負債増加	20	
			受　取　手　形　減　少	40	
	合　　　計	140	合　　　計	680	540
財務資金	短期借入金減少	480	割　引　手　形　増　加	80	
			現　金・預　金　減　少	60	
	合　　　計	480	合　　　計	140	▲340

1）受取手形は前期に比べて減少したが、割引手形は増加した。

2）売上債権、仕入債務の動きから見て、支払条件を変更したと推定される。

3）固定資金には、運用・調達上、資金余剰が生じている。

4）短期借入金を返済して、企業間信用の調達に振り替えたと推定される。

・解説と解答・

1）適切である。資金運用表は、基本的に勘定科目の増減を表す。

2）適切である。売上債権の増減に比べて仕入債務の増加が大きく、支払条件の変更、および短期借入金を返済して、企業間信用による調達を行ったと推定される。

3）不適切である。3つの区分の資金の過不足は、合計するとゼロになる。したがって、運転資金余剰540百万円と財務資金不足▲340百万円であるから、固定資金不足▲200百万円でバランスしている。

4）適切である。肢2）の解説を参照。　　　　　　　　　正解　3）

4 − 7　資金運用表の作成

《問》下記の〈比較貸借対照表（抜粋）〉および〈比較損益計算書（抜粋）〉から算出した〈当期資金運用表（固定資金）〉の空欄①および②に入るべき金額の組合せとして、次のうち最も適切なものはどれか。

〈比較貸借対照表（抜粋）〉（単位：百万円）

	前期	当期
固定資産残高	746	862
未払法人税等	56	82

〈比較損益計算書（抜粋）〉（単位：百万円）

	前期	当期
税引前当期純利益	270	252
法人税等	128	122

〈当期資金運用表（固定資金）〉　　　　　（単位：百万円）

運用		調達	
税金支払	（①）	税引前当期純利益	252
配当金支払	50	減価償却費	66
固定資産投資	（②）		

1）①　96（百万円）　　②116（百万円）
2）①　96（百万円）　　②182（百万円）
3）①122（百万円）　　②116（百万円）
4）①122（百万円）　　②182（百万円）

・解説と解答・

資金運用表の税金支払は、現金主義による資金流出である。

①＝前期貸借対照表未払法人税等＋当期損益計算書法人税等
　　−当期貸借対照表未払法人税等
　＝56百万円＋122百万円−82百万円
　＝96百万円

固定資産は固定資産投資により増加し、減価償却により減少する。

②＝当期貸借対照表固定資産残高−前期貸借対照表固定資産残高
　　＋当期資金運用表減価償却費
　＝862百万円−746百万円＋66百万円
　＝182百万円

正解　2）

4-8 資金移動表（Ⅰ）

《問》資金移動表に関する次の記述のうち、最も不適切なものはどれか。
1）資金移動表は、発生主義の考え方に基づいて作成されている。
2）売上債権は、現金または預金によって回収されない限り、資金移動表の売上収入に計上されない。
3）損益計算書の売上高を資金移動表の売上収入に修正するには、売上高から売上債権増加額を差し引くことが必要となる。
4）損益計算書の売上原価を資金移動表の仕入支出に修正するには、いったん当期商品仕入高に修正した後に、さらに仕入支出に修正する必要がある。

・解説と解答・

1）不適切である。資金移動表は、現金主義の考え方に基づいて作成されている。なお、資金移動表とは、一定期間の現金収支を算出することを目的としており、損益計算書と貸借対照表を基にして現金収支を間接的に算出するところに特徴がある。

2）適切である。資金移動表は現金主義の考え方に基づいて作成されるため、売上債権が発生したとしても、現金または預金によって回収されない限り資金移動表の売上収入には計上されない。

3）適切である。期末付近の押込み販売により無理に増やした掛売上で、当期中に回収されない場合などには、売上収入とはならないため売上高から差し引くこととなる。本肢のように「売上高＞売上収入」となっている場合は、売上高が伸びていたとしても、回収を伴わない売上高が計上されている可能性がある。

4）適切である。売上原価を仕入支出に修正するには、まず、売上原価に商品増加高を加えて当期商品仕入高に修正する。次に、当期商品仕入高から仕入債務増加高を差し引いて仕入支出に修正する。

正解　1）

4－9　資金移動表（Ⅱ）

《問》資金移動表における勘定科目と資金収支に関する次の記述のうち、
最も不適切なものはどれか。
1）減価償却費の計上は、経常支出の増加として表示される。
2）売上債権の増加は、経常収入の減少となる。
3）仕入債務の増加は、経常支出の減少となる。
4）棚卸資産の増加は、経常支出の増加となる。

・解説と解答・

1）不適切である。減価償却費は、損益計算上費用となるが、資金支出を伴わ
ないので、経常支出の減少として表示される。
2）適切である。売上債権の増加は、当期売上のうち増加額部分はまだ現金回
収されていないことを意味し、経常収入の減少となる。
3）適切である。仕入債務の増加は、キャッシュアウトの減少となり、経常支
出の減少となる。
4）適切である。棚卸資産の増加は、キャッシュアウトが増加するため、経常
支出の増加となる。

正解　1）

4－10　キャッシュ・フロー計算書（Ⅰ）

《問》キャッシュ・フロー計算書に関する次の記述のうち、最も適切なものはどれか。
1）市場性のある株式等は、キャッシュ・フロー計算書の現金同等物に含まれる。
2）普通預金、当座預金等の要求払預金は、キャッシュ・フロー計算書の現金に含まれる。
3）キャッシュ・フロー計算書では、預金振替等の資金相互間の取引についても記載される。
4）キャッシュ・フロー計算書は、公認会計士等による金融商品取引法に基づく財務諸表監査の対象に含まれない。

・解説と解答・

1）不適切である。「市場性のある株式等」であっても、その時価は変動するのでキャッシュ・フロー計算書の現金同等物には含まれない。また、預入期間の定めのある定期預金についても、預入期間が３カ月超のものは、原則として現金同等物には含まれない（「連結キャッシュ・フロー計算書等の作成基準」第二－２、注２）。

2）適切である。そのほか、譲渡性預金（CD）やコマーシャルペーパー（CP）などが現金同等物としてみなされる（「連結キャッシュ・フロー計算書等の作成基準」第二－１、２、注１、注２）。

3）不適切である。キャッシュ・フロー計算書では、当座預金から普通預金への振替のように、資金相互間の取引については記載されない。なお、預入期間３カ月超の定期預金への振替等は、投資活動によるキャッシュ・フローに記載する。

4）不適切である。キャッシュ・フロー計算書は、公認会計士による財務諸表監査の対象に含まれる（金融商品取引法193条の２第１項）。

正解　2）

4 −11　キャッシュ・フロー計算書（Ⅱ）

《問》以下の〈資料〉から算出される「当期のキャッシュ・フロー（間接法）」として、次のうち最も適切なものはどれか。

〈資料〉

科目	前期末	当期末	科目	前期	当期
売上債権	1,038百万円	1,152百万円	当期純利益	120百万円	126百万円
棚卸資産	498百万円	408百万円	減価償却費	66百万円	72百万円
仕入債務	738百万円	792百万円			

1）168百万円
2）183百万円
3）228百万円
4）243百万円

・解説と解答・

資産の増加（減少）および負債の減少（増加）は、それぞれキャッシュ・フローの減少（増加）をもたらし、当期純利益と減価償却費（これは支出を伴わない費用であるため、当期純利益に足し戻す）はその絶対額がキャッシュ・フローの金額となる。したがって、計算式は下記のとおりとなる。

当期純利益＋当期減価償却費−売上債権増加額−棚卸資産増加額
　　＋仕入債務増加額
＝（126百万円＋72百万円）−（1,152百万円−1,038百万円）
　　−（408百万円−498百万円）＋（792百万円−738百万円）
＝228百万円

正解　3）

4－12　キャッシュ・フローの増加要因

《問》キャッシュ・フロー計算書の「営業活動によるキャッシュ・フロー」に表示されている次の項目のうち、キャッシュ・フローの増加として表示されるものはどれか。
1）有形固定資産売却益
2）売上債権の増加額
3）仕入債務の減少額
4）貸倒引当金の繰入額

・解説と解答・

1）表示されない。有形固定資産売却益は、「営業活動によるキャッシュ・フロー」においてはキャッシュ・フローの減少（税引前当期純利益の調整項目）として取り扱い、有形固定資産の売却による収入をキャッシュ・フローの増加として「投資活動によるキャッシュ・フロー」に表示することになる。

2）表示されない。売上債権の増加額は、「営業活動によるキャッシュ・フロー」の減少である。

3）表示されない。仕入債務の減少額は、「営業活動によるキャッシュ・フロー」の減少である。

4）表示される。貸倒引当金の繰入額は、資産勘定の減少となるため、減価償却費と同様に「営業活動によるキャッシュ・フロー」の増加として表示される。

正解　4）

4−13　設備投資額の算出

《問》以下の〈資料〉から算出される当期の固定資産投資額として、次の
うち最も適切なものはどれか。

〈資料〉　　　　　　　　　　　　　　　　（単位：百万円）

	前期	当期
期末貸借対照表固定資産残高	720	830
損益計算書減価償却費	86	96

※なお、減価償却費は直接法で計上している。

1）110百万円
2）196百万円
3）206百万円
4）292百万円

・解説と解答・

　当期末固定資産残高は「前期末固定資産残高＋当期固定資産投資額−当期減
価償却費」で算出できる。これを応用して、以下のとおり計算する。

　　当期固定資産投資額＝当期末固定資産残高−前期末固定資産残高
　　　　　　　　　　　　＋当期減価償却費
　　　　　　　　　　　＝830百万円−720百万円＋96百万円
　　　　　　　　　　　＝206百万円

正解　3）

4 −14　設備資金（借入れ）の返済財源

《問》以下の〈損益計算書（抜粋）〉および〈資料〉から算出される設備
　　資金借入の返済財源（キャッシュ・フロー）の金額として、次のう
　　ち最も適切なものはどれか。

〈損益計算書（抜粋）〉　　（単位：百万円）　　〈資料〉　　　　　（単位：百万円）

売　　　　上　　　　高	2,100
売　　上　　原　　価	1,620
販 売 費 及 び 一 般 管 理 費	320
営　業　外　収　益	5
営　業　外　費　用	20
法　　人　　税　　等	55

減　価　償　却　費	22
配　当　金　支　払	15
任 意 積 立 金 積 立	30

1）　23百万円
2）　53百万円
3）　97百万円
4）130百万円

・解説と解答・

　設備資金借入等の長期借入金（社債を含む）は、キャッシュ・フローに基づく
利益による償還を前提にしている。損益計算書から、税引前当期純利益（経常
利益）は下記のとおり算出できる。

　　税引前当期純利益（経常利益）
　　＝2,100百万円－1,620百万円－320百万円＋5百万円－20百万円
　　＝145百万円

　そこから社外流出である法人税等、配当金を控除して留保利益が得られる。

　　留保利益＝145百万円－（55百万円＋15百万円）＝75百万円

　さらに費用のうち、資金支出を伴わない減価償却費を足し戻してキャッシ
ュ・フローが得られる。

　∴キャッシュ・フロー＝75百万円＋22百万円＝97百万円

　なお、任意積立金は留保利益の内訳項目であるため、その積立によってキャ
ッシュ・フローは増加しない。

正解　3）

4-15　所要運転資金の算出（Ⅰ）

《問》下記の〈貸借対照表（抜粋）〉から算出される所要運転資金として、次のうち最も適切なものはどれか。

〈貸借対照表（抜粋）〉　　　　　　　　（単位：千円）

現　金　預　金	10,112	支　払　手　形	11,797
受　取　手　形	12,359	買　　掛　　金	12,920
売　　掛　　金	13,482		
商　　　　　品	20,128		

1）10,674千円
2）11,236千円
3）21,252千円
4）31,364千円

・**解説と解答**・

　売上債権、棚卸資産は資金の運用であり、仕入債務は資金の調達である。「（売上債権＋棚卸資産）＞仕入債務」の関係にある場合の両辺の差額を所要運転資金（または経常運転資金）という。

　　所要（経常）運転資金＝売上債権残高（割引手形を含む）
　　　　　　　　　　　　　　＋棚卸資産残高－仕入債務残高

　また、売上高の増加や回収条件の変更、適正在庫量の変化、支払条件の変更などにより、各勘定残高が変動すると必然的に所要運転資金の総量が変化する。

　　増加運転資金＝当期所要運転資金－前期所要運転資金

　ただし、上記算式で増加運転資金がマイナスとなる場合は、減少運転資金といい、運転資金が減少したことになる。

　所要運転資金＝売上債権（受取手形＋売掛金）＋棚卸資産（商品）
　　　　　　　－仕入債務（支払手形＋買掛金）
　　　　＝（12,359千円＋13,482千円）＋20,128千円
　　　　　－（11,797千円＋12,920千円）
　　　　＝21,252千円

正解　3）

4 −16 　所要運転資金の算出（Ⅱ）

《問》以下の〈資料〉から算出される所要運転資金として、次のうち最も
適切なものはどれか。

〈資料〉

年間売上高	684.0百万円
仕入債務回転率	12.0回
棚卸資産回転率	4.8回
売上債権回転率	8.0回

1） 　45.6百万円
2）114.0百万円
3）171.0百万円
4）228.0百万円

・解説と解答・

回転期間＝勘定科目残高÷平均月商＝12÷回転率より、

所要運転資金＝平均月商×（売上債権回転期間＋棚卸資産回転期間－仕入債
　　　　　　　　務回転期間）
　　　　　　　＝平均月商×（12÷売上債権回転率＋12÷棚卸資産回転率
　　　　　　　　－12÷仕入債務回転率）
　　　　　　　＝57.0百万円×（1.5カ月＋2.5カ月－1.0カ月）
　　　　　　　＝171.0百万円

正解　3）

4 −17　所要運転資金の算出（Ⅲ）

《問》以下の〈資料〉から算出される所要運転資金として、次のうち最も
　　　適切なものはどれか。

〈資料〉

平 均 月 商：400百万円 回 収 条 件：売掛期間1カ月、現金30％、手形70％（サイト4カ月） 支 払 条 件：買掛期間1カ月、現金40％、手形60％（サイト3カ月） 在 庫 保 有 量：平均月商に基づく回転期間1カ月分 仕 入 価 格：売価の70％

1 ）　　680百万円
2 ）　　800百万円
3 ）1,136百万円
4 ）1,616百万円

● 解説と解答 ●

　　　　所要運転資金＝売上債権残高＋棚卸資産残高−仕入債務残高
　　　　　　　　　　＝（売掛金残高＋受取手形残高）＋在庫残高
　　　　　　　　　　　−（買掛金残高＋支払手形残高）より、
　　　売掛金残高　　　：400百万円×1カ月＝400百万円
　　　受取手形残高　　：400百万円×70％×4カ月＝1,120百万円
　　　在庫残高　　　　：400百万円×1カ月＝400百万円
　　　買掛金残高　　　：400百万円×70％×1カ月＝280百万円
　　　支払手形残高　　：400百万円×70％×60％×3カ月＝504百万円
　∴所要運転資金額＝400百万円＋1,120百万円＋400百万円−280百万円
　　　　　　　　　　　−504百万円
　　　　　　　　　　＝1,136百万円

正解　3 ）

4 −18　所要運転資金の増加要因

《問》所要運転資金額を増加させる要因として、次のうち最も適切なもの
　　はどれか。なお、いずれの選択肢においても、その他の条件は考慮
　　しないものとする。
1 ）売上債権回転期間の短縮化
2 ）売上高（平均月商）の減少
3 ）不良在庫の減少
4 ）支払手形サイトの短縮

・解説と解答・

　所要運転資金
　＝売上債権残高＋棚卸資産残高−仕入債務残高
　＝平均月商×（売上債権回転期間＋棚卸資産回転期間−仕入債務回転期間）
　上記の算式から、肢1 ）の売上債権回転期間の短縮化および肢3 ）の在庫
（棚卸資産）の減少は、いずれも運転資金額を減少させる要因である。
2 ）売上高（平均月商）は、各回転期間の大小関係で運転資金額を増加させる
　ことも減少させることもある。
4 ）サイトと回転期間は異なるものであるが、支払手形サイトの短縮は仕入債
　務回転期間を短縮することになり、上記算式から運転資金を増加させるこ
　とになる。
　したがって、肢4 ）が増加要因である。

正解　4 ）

4－19　運転資金分析

《問》運転資金の区分に関する次の記述のうち、最も適切なものはどれ
　　　か。
　1）減産資金は、長期運転資金に区分される。
　2）滞貨資金は、長期運転資金に区分される。
　3）つなぎ資金は、長期運転資金に区分される。
　4）投融資資金は、短期運転資金に区分される。

・解説と解答・

1）不適切である。減産資金は、短期運転資金に区分される。
2）適切である。記述のとおりである。
3）不適切である。つなぎ資金は、短期運転資金に区分される。
4）不適切である。投融資資金は、長期運転資金に区分される。

正解　2）

〈使途別運転資金の区分の例〉

	使途区分	詳細
長期運転資金	投融資資金	企業間の提携・系列化に基づく出資や投資を目的とした有価証券の購入など、企業本来の営業活動とは別に行われる投資や融資のための資金
	資本構成改善資金	運転資金として金融機関から借り入れている短期借入金を長期借入金に切り替えることによって経営の安定化を図るための資金
	滞貨資金	新型発表や規格変更により陳腐化した製品など、正常な販売方法では資金化される目途がないもの（滞貨（デッド・ストック））に見合う資金
短期運転資金	経常運転資金	売上高や取引条件に変化がないときに、常に必要となる運転資金
	つなぎ資金	社債発行や借入金など、手続上の都合で時間がかかり資金が必要なときに間に合わない場合に、その間をつなぐための資金
	減産資金	不況等の経済情勢などによって生産が減少する場合に、減産が一巡するまでの過程で発生する仕入代金や諸経費のための資金

4 −20　棚卸資産の粉飾

《問》期末棚卸資産を過大に計上した場合、各財務指標に与える影響として、次のうち最も不適切なものはどれか。
1）流動比率が高くなる。
2）棚卸資産回転率が低くなる。
3）当期の売上原価率が高くなる。
4）表面上、所要運転資金が増加する。

・解説と解答・

1）適切である。棚卸資産は流動資産に計上されるため、「流動比率（％）＝流動資産÷流動負債」は高くなる。
2）適切である。「棚卸資産回転率（回）＝売上高÷棚卸資産」であり、本問においては分母となる棚卸資産が増加するため、棚卸資産回転率は低くなる。
3）不適切である。「売上原価＝期首棚卸資産＋当期商品仕入高−期末棚卸資産」であるから、本問においては、「期末棚卸資産」が増加するため売上原価は減少することとなる。したがって、当期の「売上原価率（％）＝売上原価÷売上高」は低下することとなる。
4）適切である。「所要運転資金＝売上債権＋棚卸資産−仕入債務」であるから、表面上、所要運転資金が増加する。

正解　3）

4−21　粉飾決算

《問》実際には赤字の企業が黒字として決算を行う粉飾に関する次の記述
のうち、最も適切なものはどれか。
1）架空在庫を計上することで粉飾を行った企業は、売上原価率が上昇
　する。
2）架空在庫を計上することで粉飾を行った企業は、営業活動によるキ
　ャッシュ・フローが増加する。
3）建設業者は、工事の入札で不利な扱いを受ける可能性を避けるため
　に、粉飾を行うことがある。
4）得意先が購入価格の引下げを要求してくることに対抗するために、
　粉飾を行うことがある。

・解説と解答・

1）不適切である。「売上原価＝期首棚卸資産残高＋当期商品仕入高−期末棚
　卸資産残高」であるから、架空在庫を計上すると期末棚卸資産残高が上昇
　し売上原価が減少することになるため、売上原価率は低下する。
2）不適切である。架空在庫を計上した金額だけ、税引前当期純利益の増加に
　よる見かけのキャッシュインと、棚卸資産の増加による見かけのキャッシ
　ュアウトが増加するため、営業活動によるキャッシュ・フローは変わらな
　い。
3）適切である。
4）不適切である。得意先が購入価格の引下げを要求してくることに対応する
　ために行うのは逆粉飾（大幅黒字の企業が利益を圧縮して決算を行うこ
　と）である。なお、逆粉飾を行う理由としては、本肢のほか、節税や仕入
　先、外注先、下請先からの値上げ要求への対抗、従業員等からの賃上げや
　ボーナス要求への対抗などが挙げられる。

正解　3）

4－22　利益の過大計上（Ⅰ）

《問》次の経理処理のうち、利益の過大計上に該当するものはどれか。
1）決算整理で前払費用を資産に計上しなかった。
2）流行遅れの商品について、一括して評価損を計上した。
3）仮払金勘定を旅費・交通費に振替計上した。
4）修繕費に計上すべき経費が多額になったので、一部を固定資産に振替計上した。

・解説と解答・

　企業は、金融機関からの融資継続、仕入先や株主に対する信用の維持などを動機として、利益の過大計上を行うことがある。

　「利益＝収益－費用」であるので、利益の過大計上を行うためには、損益計算書では収益の過大計上または費用の過小計上が必要であり（例えば期末棚卸資産の過大計上による売上原価の過小表示）、貸借対照表では資産の過大評価、または負債の過小評価による繰越利益剰余金の過大計上が必要となる。

1）利益の過大計上とならない。前払費用（費用の繰延べ）を資産に計上しなかったため、費用の過大計上となり、利益の過小計上となる。
2）利益の過大計上とならない。費用の計上であるため、利益の過大計上とはならない。
3）利益の過大計上とならない。本来の勘定に振り替えたものであり、利益の過大計上とはならない。
4）利益の過大計上となる。費用を資産に振り替えており、利益の過大計上となる。

正解　4）

4－23 利益の過大計上（Ⅱ）

《問》次の経理処理のうち、利益の過大計上に該当しないものはどれか。
 1) 来期の売上を先取りして当期の売上に計上した。
 2) 当期に計上した費用のうち、来期に属する前払費用を決算時に当期
  の資産に計上しなかった。
 3) 当期の減価償却費を意図的に少なく計上した。
 4) 当期に計上すべき退職給付引当金を計上しなかった。

●解説と解答●

「収益－費用＝利益」であるから、利益の過大計上は、収益の過大計上あるいは費用の過小計上を起因とする。
1) 当期の収益の過大計上となるため、利益の過大計上に該当する。
2) 当期の費用の過大計上となるため、利益の過大計上に該当しない。
3) 当期の費用の過小計上となるため、利益の過大計上に該当する。
4) 当期の費用の過小計上となるため、利益の過大計上に該当する。

正解 2)

4－24　資金調達手法の多様化・資本政策

《問》資本政策の1つであるDDS（デット・デット・スワップ）および
　　DES（デット・エクイティ・スワップ）に関する次の記述のうち、
　　最も不適切なものはどれか。
1）金融機関からDDSを受ける場合、特定の財務指標を一定数値以上
　　に維持しなければ優遇措置が取り消されるなどのコベナンツが課さ
　　れることがある。
2）金融機関が中小企業に対してDDSを実行することで資本金が増加
　　した場合、中小企業としての税制特例が受けられなくなる可能性が
　　あることに注意する必要がある。
3）金融機関の査定では、DDS、DESともに、過剰債務が解消するこ
　　とで財務体質が改善したとみなされるが、財務会計上では、DES
　　のみ財務体質が改善することになる。
4）DDSは、DESと比較して相対的に実行しやすいというメリットが
　　あり、主に経営難に陥った中小企業等の再生手法として利用され
　　る。

● 解説と解答 ●

1）適切である。DDSとは、既存の借入金を返済順位の低い劣後ローンとし
　　て借り換える手法である。金融機関からDDSを受ける場合、コベナンツ
　　が課されることがある。
2）不適切である。DDSでは、資本金は不変である。一方、DESは、借入金
　　の一部を株式に切り換える手法であり、DESを実行することで企業の資
　　本金は増加する。そのため、DESを実行したことにより、中小企業とし
　　ての税制特例の要件を満たさなくなる可能性がある。
3）適切である。DDS、DESともに過剰債務が解消するため、金融機関の査
　　定では財務体質が改善したとみなされる。一方、財務会計上では、DDS
　　を実行して借入金を劣後ローンに切り換えても、「借入金」であることに
　　は変わりがないため、財務体質が改善することにはならない。一方、借入
　　金の一部を株式に切り換えて資本とするDESは財務会計上で財務体質が
　　改善する。
4）適切である。　　　　　　　　　　　　　　　　　　　　　**正解　2）**

4 −25　設備資金分析

《問》設備投資の妥当性を検討する方法に関する次の記述のうち、最も不
　　適切なものはどれか。
1 ）会計的利益率法とは、投下資本利益率法とも呼ばれ、分子を「設備
　　投資額＋増加運転資本」、分母を年間償却後利益として算出した数
　　値によって投資の良否を判断する方法である。
2 ）回収期間法とは、設備投資額を予想キャッシュ・フローで除した数
　　値によって投資の良否を判断する方法である。
3 ）内部利益率法（IRR 法）とは、投資の正味現在価値がゼロとなる
　　割引率を算出し、それを企業のハードルレートと比較考量する方法
　　である。
4 ）正味現在価値法（NPV 法）とは、将来のキャッシュ・フローを一
　　定の割引率（資本コスト等）で割り引いた現在価値の合計が、設備
　　投資額を上回った場合に投資価値があると判定する方法である。

・ 解説と解答 ・

1 ）不適切である。会計的利益率法は投下資本利益率法とも呼ばれ、分子を年
　　間償却後利益、分母を「設備投資額＋増加運転資本」として算出した数値
　　によって投資の良否を判断する方法である。なお、この方法は貨幣の時間
　　的価値が考慮されないという欠点がある。
2 ）適切である。回収期間法とは、設備投資額を予想キャッシュ・フローで除
　　した数値によって投資の良否を判断する方法である。この方法は、算出の
　　容易さから実務上よく利用されているが、投資の収益性やキャッシュ・フ
　　ローの時間的価値、回収期間後のキャッシュ・フローなどが考慮されない
　　という欠点がある。
3 ）適切である。
4 ）適切である。

正解　1 ）

4－26　償還年数

《問》以下の〈資料〉から算出される要償還債務の償還年数として、次のうち最も適切なものはどれか。なお、償還年数の算出にあたっては、小数点以下第2位を四捨五入すること。

〈資料〉 （単位：百万円）

売　　上　　高	2,957	減 価 償 却 費	195
売　上　原　価	2,129	配 当 金 支 払	11
販売費及び一般管理費	739	任意積立金積立	25
営 業 外 収 益	59	要 償 還 債 務	1,043
営 業 外 費 用	89		
法 人 税 等	21		

1）4.5年
2）4.7年
3）4.8年
4）5.3年

・解説と解答・

　算出された返済原資で長期借入金の残高を除すると、償還年数が算出される。この償還年数は、長期借入金の資金使途構成（設備投資借入金とその他の長期借入金）により異なるが、一般に、5〜7年程度で償還できれば問題ない範囲である。償還年数が極端に長い場合は、返済能力が不足しており、返済に短期資金が流用されることから、やがて短期安全性は損なわれていくことになる。

　　当期純利益＝売上高－売上原価－販売費及び一般管理費±営業外損益
　　　　　　　±特別損益－法人税等
　　　　　　＝2,957百万円－2,129百万円－739百万円＋（59百万円
　　　　　　　－89百万円）－21百万円
　　　　　　＝38百万円

返済原資（年間キャッシュ・フロー）＝当期純利益－社外流出＋減価償却費
　　　　　　　　　　　　　　　＝38百万円－11百万円＋195百万円
　　　　　　　　　　　　　　　＝222百万円

∴償還年数＝要償還債務÷返済原資（年間キャッシュ・フロー）
　　　　　＝1,043百万円÷222百万円
　　　　　＝4.69…年≒4.7年

正解　2）

第5章

総合問題

━━━━━ 《設　例》━━━━━

　E社は、主に各種食料品小売業を営む企業である。X金融機関Y支店の担当者Aは、かねてより新規開拓のため継続的にE社を訪問していたが、ある日、E社の経理部長より、「今期（第43期）は、売上高約2,040百万円を見込んでいる。ついては増加運転資金が約50百万円必要となるので支援してほしい」との申出を受けた。

　融資の申込みを受けたAは、さっそく入手した〈E社の決算資料等〉の分析を行い、融資の可否について検討することにした。なお、問題5－1〜5－20は、すべて〈E社の決算資料等〉に基づいて解答すること。各問題には、解答に必要な〈E社の決算資料等〉の計数等を抜粋して掲載している。

〈E社の決算資料等〉

〔資料1〕E社貸借対照表　　　　　　　　　　　　　　　（単位：百万円）

資 産 の 部	第41期	第42期	負債・純資産の部	第41期	第42期
現 金 ・ 預 金	120	100	支 払 手 形	59	60
受 取 手 形	40	50	買 掛 金	75	80
売 掛 金	83	106	短 期 借 入 金	149	190
貸 倒 引 当 金	▲12	▲14	未 払 法 人 税 等	8	7
商 品	150	195	その他流動負債	18	18
その他流動資産	7	7	〔流 動 負 債 計〕	309	355
〔流 動 資 産 計〕	388	444	長 期 借 入 金	250	340
有 形 固 定 資 産	405	480	退 職 給 付 引 当 金	43	46
無 形 固 定 資 産	15	15	〔固 定 負 債 計〕	293	386
投 資 そ の 他 資 産	55	65	負 債 合 計	602	741
〔固 定 資 産 計〕	475	560	資 本 金	80	80
			利 益 準 備 金	20	20
			任 意 積 立 金	129	131
			繰 越 利 益 剰 余 金	32	32
			純 資 産 合 計	261	263
資 産 合 計	863	1,004	負債・純資産合計	863	1,004
割 引 手 形	10	40			

〔資料2〕E社損益計算書　　　（単位：百万円）

	第41期	第42期
売　　　上　　　高	1,560	1,800
売　　上　　原　　価	1,135	1,326
売　上　総　利　益	425	474
販売費及び一般管理費	408	455
（うち減価償却費）	42	48
営　業　利　益	17	19
営　業　外　収　益	10	12
（うち受取利息）	1	1
営　業　外　費　用	12	14
（うち支払利息）	10	12
経　常　利　益	15	17
（税引前当期純利益）		
法　人　税　等	6	7
当　期　純　利　益	9	10

〔資料3〕E社第42期株主資本等変動計算書　　　　　　　（単位：百万円）

	株主資本				純資産合計
		利益剰余金			
			その他利益剰余金		
	資本金	利益準備金	任意積立金	繰越利益剰余金	
当　期　首　残　高	80	20	129	32	261
剰　余　金　の　配　当				▲8	▲8
任意積立金の積立			2	▲2	
当　期　純　利　益				10	10
当　期　変　動　額　合　計	—	—	2	—	2
当　期　末　残　高	80	20	131	32	263

〔資料4〕各種食料品小売業経営指標（Ｅ社第42期対応分）

総 資 産 経 常 利 益 率	1.56%	株主資本（自己資本）比率	25.5%
総 資 産 回 転 率	1.80回	固 定 比 率	189.8%
売 上 高 総 利 益 率	26.22%	固 定 長 期 適 合 率	81.1%
売 上 高 営 業 利 益 率	1.01%	負 債 比 率	292.2%
売 上 高 経 常 利 益 率	0.87%	流 動 比 率	130.5%
売 上 債 権 回 転 期 間	1.13カ月	当 座 比 率	78.2%
棚卸資産（商品）回転期間	1.17カ月	現 金 ・ 預 金 比 率	36.0%
仕 入 債 務 回 転 期 間	1.03カ月	経 常 収 支 比 率	103.4%
固 定 資 産 回 転 期 間	2.83カ月	経 営 安 全 率	4.4%
		長 期 借 入 金 償 還 期 間	5.9年

5－1　総資産経常利益率の分解

《問》 A は、 E 社第41期と第42期の「総資産経常利益率」を構成要因別
に分解し、総合的な収益力を分析しようとしている。 A が行った
E 社の分析結果として、次のうち最も適切なものはどれか。なお、
各構成要因の計算にあたっては、小数点以下第 3 位を四捨五入する
こと。

〈E 社貸借対照表〉　　　　　　　　　　　　　　　　（単位：百万円）

資産の部	第41期	第42期	負債・純資産の部	第41期	第42期
流動資産	388	444	流動負債	309	355
固定資産	475	560	固定負債	293	386
			純資産	261	263
資産合計	863	1,004	負債・純資産合計	863	1,004

〈E 社損益計算書〉　　　（単位：百万円）

	第41期	第42期
売上高	1,560	1,800
売上原価	1,135	1,326
売上総利益	425	474
販売費及び一般管理費	408	455
営業利益	17	19
営業外収益	10	12
営業外費用	12	14
経常利益	15	17
税引前当期純利益	15	17
法人税等	6	7
当期純利益	9	10

1）第41期から第42期にかけて、E社の総資産経常利益率は改善している。売上高経常利益率は悪化しているものの総資産回転率は改善しており、資産効率が大きく改善したことがその要因といえる。

2）第41期から第42期にかけて、E社の総資産経常利益率は改善している。総資産回転率は悪化しているものの売上高経常利益率は改善しており、利益率が大きく改善したことがその要因といえる。

3）第41期から第42期にかけて、E社の総資産経常利益率は悪化している。売上高経常利益率は改善しているものの総資産回転率は悪化しており、資産効率が大きく悪化したことがその要因といえる。

4）第41期から第42期にかけて、E社の総資産経常利益率は悪化している。売上高経常利益率、総資産回転率がともに悪化しており、利益率、資産効率がともに悪化したことがその要因といえる。

● 解説と解答 ●

〈E社損益計算書（抜粋）〉（単位：百万円）

	第41期	第42期
売上総利益	425	474
営業利益	17	19
経常利益	15	17
税引前当期純利益	15	17
当期純利益	9	10

「総資産経常利益率」とは、総資産に対する経常利益の割合であり、企業全体の観点から収益性を総合的に判定する最も代表的な指標とされている。分母の総資産は、原則として貸借対照表における資産合計であり、負債と純資産の合計と一致する。分子の経常利益は、企業の経常的な経営活動による総合的な損益であるので、これを基準としている。

総資産経常利益率を比較して優劣の差がある場合は、その要因が売上高経常利益率、総資産回転率のいずれにあるのかなどを把握し、さらに、売上高経常利益率分析、資産勘定ごとの回転期間分析などにより、優劣の差の要因を究明していくことが必要である。

$$\boxed{\begin{array}{c} 総資産経常利益率＝売上高経常利益率×総資産回転率 \\[4pt] \dfrac{経常利益}{総資産} \quad = \quad \dfrac{経常利益}{売上高} \quad × \quad \dfrac{売上高}{総資産} \end{array}}$$

1）不適切である。E社の総資産経常利益率は、第41期が1.74％、第42期が1.69％である。その要因を各指標別に見ると、次のようになる。

〔総資産経常利益率〕

第41期：$\dfrac{経常利益}{総資産}=\dfrac{15百万円}{863百万円}=1.738\cdots\% \doteqdot 1.74\%$

第42期：$\dfrac{経常利益}{総資産}=\dfrac{17百万円}{1,004百万円}=1.693\cdots\% \doteqdot 1.69\%$

〔売上高経常利益率〕

第41期：$\dfrac{経常利益}{売上高}=\dfrac{15百万円}{1,560百万円}=0.961\cdots\% \doteqdot 0.96\%$

第42期：$\dfrac{経常利益}{売上高}=\dfrac{17百万円}{1,800百万円}=0.944\cdots\% \doteqdot 0.94\%$

〔総資産回転率〕

第41期：$\dfrac{売上高}{総資産}=\dfrac{1,560百万円}{863百万円}=1.807\cdots回 \doteqdot 1.81回$

第42期：$\dfrac{売上高}{総資産}=\dfrac{1,800百万円}{1,004百万円}=1.792\cdots回 \doteqdot 1.79回$

売上高経常利益率、総資産回転率ともに第41期から第42期にかけて悪化していることから、E社は利益率、資産効率がともに悪化したといえる。

2）不適切である。肢1）の解説のとおり。

3）不適切である。肢1）の解説のとおり。

4）適切である。肢1）の解説のとおり。

正解　4）

5－2　総資産経常利益率の分析

《問》Aは、E社の総資産経常利益率を構成要因別に分析した。その分析
　結果として、次のうち最も不適切なものはどれか。

〈E社貸借対照表〉　　　　　　　　　　　　　　　　（単位：百万円）

資産の部	第41期	第42期	負債・純資産の部	第41期	第42期
流動資産	388	444	流動負債	309	355
固定資産	475	560	固定負債	293	386
			純資産	261	263
資産合計	863	1,004	負債・純資産合計	863	1,004

〈E社損益計算書（抜粋）〉（単位：百万円）

	第41期	第42期
売上高	1,560	1,800
経常利益	15	17

〈総資産経常利益率の構成要因別分析結果〉

	売上高経常利益率	総資産回転率	総資産経常利益率
第41期	0.96％	1.81回	1.74％
第42期	□□□％	□□□回	□□□％
同業種平均	0.87％	1.80回	1.56％

※問題の性質上、明らかにできない部分は「□□□」で示している。

1）E社の第42期の総資産回転率は、第41期より低下（悪化）した。

2）E社の第42期の総資産経常利益率が第41期より若干低下（悪化）し
　た要因は、売上高経常利益率および総資産回転率がともに低下（悪
　化）したためである。

3）E社の第42期の総資産経常利益率は、同業種の平均値を上回ってい
　る。

4）E社の第42期の売上高経常利益率および総資産回転率は、同業種の
　平均値を上回っている。

・解説と解答・

E社の総資産経常利益率をその構成要因別にまとめると下表のとおりになる。

	売上高経常利益率	総資産回転率	総資産経常利益率
第41期	0.96%	1.81回	1.74%
第42期	0.94%	1.79回	1.69%
増減	▲0.02ポイント	▲0.02回	▲0.05ポイント
傾向	若干低下	若干低下	若干低下

同業種平均との比較（E社第42期との比較）は次のとおりである。

	売上高経常利益率	総資産回転率	総資産経常利益率
E社第42期	0.94%	1.79回	1.69%
同業種平均	0.87%	1.80回	1.56%
同業種平均差	+0.07ポイント	▲0.01回	+0.13ポイント
E社の優劣	E社のほうが若干高い	E社のほうが若干低い	E社のほうが高い

1）適切である。E社の第42期の総資産回転率は、第41期より0.02回低下（悪化）した。

2）適切である。E社の第42期の売上高経常利益率は、第41期より0.02ポイント低下（悪化）、総資産回転率は0.02回低下（悪化）したため、結果的に総資産経常利益率は、0.05ポイント低下（悪化）した。

3）適切である。E社の第42期の総資産経常利益率を同業種平均と比較した場合、E社のほうが0.13ポイント上回っている。

4）不適切である。同業種平均との比較では、総資産経常利益率はE社のほうが0.13ポイント、売上高経常利益率はE社のほうが0.07ポイント上回っているが、総資産回転率はE社のほうが0.01回下回っている。

正解　4）

5-3　長期安全性の諸比率の算出

《問》Aは、E社の財務内容の健全性および安全性を検討するために、第42期における長期安全性諸比率を算出した。下記の〈E社等の経営指標〉の空欄①～③にあてはまる数値の組合せとして、次のうち最も適切なものはどれか。なお、計算にあたっては、小数点以下第2位を四捨五入すること。また、本問においては、純資産と自己資本と株主資本は一致するものとする。

〈E社貸借対照表〉　　　　　　　　　　　　　　　　　　　　（単位：百万円）

資産の部	第41期	第42期	負債・純資産の部	第41期	第42期
流動資産	388	444	流動負債	309	355
固定資産	475	560	固定負債	293	386
			純資産	261	263
資産合計	863	1,004	負債・純資産合計	863	1,004

〈E社等の経営指標〉

	第42期	同業種平均
株主資本（自己資本）比率	26.2%	25.5%
固　定　比　率	（　①　）%	189.8%
固 定 長 期 適 合 率	（　②　）%	81.1%
負　債　比　率	（　③　）%	292.2%

1）①176.5（%）　　②88.2（%）　　③252.8（%）
2）①192.8（%）　　②97.6（%）　　③274.9（%）
3）①212.9（%）　　②86.3（%）　　③281.7（%）
4）①225.1（%）　　②91.5（%）　　③295.3（%）

・解説と解答・

　長期安全性とは、株主資本（自己資本）、負債（他人資本）、固定資産等との関係（構成割合等）から、財務構成の健全性、安定性、支払能力を検証する分

析手法である。長期安全性の比率には、資本構成の代表的指標である株主資本（自己資本）比率、固定比率、これを補完する固定長期適合率、負債比率などがある。

　「株主資本（自己資本）比率」とは、総資産（負債と純資産の合計）に対する株主資本（自己資本）の割合を示すものであり、株主資本の充実度合いを表す。株主資本は返済負担のない資金であり、株主資本（自己資本）比率が高いほど安全性は高くなる。株主資本には、過去の利益の蓄積である利益剰余金が含まれるので、純資産の構成割合にも注目し、過去の収益力や経営者の内部留保への経営姿勢を判断することも必要である。

　「固定比率」とは、固定資産が返済負担のない株主資本でどの程度賄われているかを表す指標であり、固定比率が低いほど安全性が高いことになる。

　「固定長期適合率」とは、固定資産が株主資本と返済期間の長い安定した長期固定負債によりどの程度賄われているかを見る指標である。固定長期適合率は、100％以下となることが望ましく、100％以上の場合、超過分は短期資金（流動負債）で調達され、財務の健全性、安定性が損なわれている状態となる。

　「負債比率」とは、株主資本に対する負債の割合を表す指標である。負債という支払義務のある債務と株主資本との割合で、企業資本の構成の安全性、特に他人資本への依存度を示す指標であり、負債比率が低いほど安全性が高いことになる。

①第42期固定比率（％）$= \dfrac{固定資産}{株主資本（自己資本）}$

$\qquad = \dfrac{560百万円}{263百万円}$

$\qquad = 212.92\cdots\% \fallingdotseq 212.9\%$

②第42期固定長期適合率（％）$= \dfrac{固定資産}{株主資本（自己資本）＋固定負債}$

$\qquad = \dfrac{560百万円}{263百万円＋386百万円}$

$\qquad = 86.28\cdots\% \fallingdotseq 86.3\%$

③第42期負債比率（％）$= \dfrac{負債（流動負債＋固定負債）}{株主資本（自己資本）}$

$\qquad = \dfrac{355百万円＋386百万円}{263百万円}$

$\qquad = 281.74\cdots\% \fallingdotseq 281.7\%$

正解　3）

5-4　長期償還能力の算出

《問》Aは、長期安全性の検討の一環として、E社の第42期における返済
　　　財源（キャッシュ・フロー）を算出し、長期借入金の償還能力につ
　　　いて確認した。返済財源と償還期間の組合せとして、次のうち最も
　　　適切なものはどれか。なお、諸引当金の増加額および未払法人税等
　　　の増減は返済財源（キャッシュ・フロー）の計算に含めないものと
　　　し、償還期間は小数点以下第2位を四捨五入すること。

〈E社貸借対照表〉　　　　　　　（単位：百万円）

資産の部	第42期	負債・純資産の部	第42期
流動資産	444	流動負債	355
固定資産	560	（短期借入金）	190
		固定負債	386
		（長期借入金）	340
		純資産	263
資産合計	1,004	負債・純資産合計	1,004

〈E社損益計算書（抜粋）と配当〉（単位：百万円）

	第42期
売上総利益	474
販売費及び一般管理費	455
（うち減価償却費）	48
営業利益	19
経常利益	17
税引前当期純利益	17
当期純利益	10
配当	8

 1 ）返済財源：50百万円　　　償還期間：6.8年
 2 ）返済財源：46百万円　　　償還期間：7.4年
 3 ）返済財源：42百万円　　　償還期間：8.1年
 4 ）返済財源：57百万円　　　償還期間：6.0年

・解説と解答・

　長期借入金とは、決算日の翌日から起算して 1 年を超える支払期日となっている借入金である。長期借入金（社債を含む）は、利益による償還を前提にしているので、返済財源であるキャッシュ・フローで返済すると何年の償還期間となるか、償還能力の有無を確認する必要がある。

　返済財源は、次のように算出される。

　　返済財源（キャッシュ・フロー）＝当期純利益＋減価償却費－配当金

　　長期借入金償還期間＝長期借入金残高÷返済財源（キャッシュ・フロー）

　算出された返済財源で長期借入金の残高を割ると、償還期間（長期借入金償還期間）が算出される。この期間は、長期借入金の資金使途構成（設備投資借入金とその他の長期借入金）により、一概に何年以内でなければならないとはいえないが、一般に、 5 ～ 7 年程度で償還できれば問題ない範囲である。 7 年を超える場合であっても、長期借入金のうち、土地取得や建物建築の借入金がどの程度あるか、および何年で償還するのかを確認し、償還期間の適正さを確認することが必要である。償還期間が極端に長い場合には、返済能力が不足していると判断できる。

　　∴返済財源（キャッシュ・フロー）＝10百万円＋48百万円－ 8 百万円
　　　　　　　　　　　　　　　　　　＝50百万円

　　長期借入金償還期間＝340百万円÷50百万円＝6.8年

正解　 1 ）

5－5　長期安全性の検討

《問》Aは、問題5－3～5－4において算出したE社の各財務比率について分析した。その分析結果として、次のうち最も不適切なものはどれか。なお、計算結果は％表示の小数点以下第2位を四捨五入すること。

〈E社貸借対照表〉　　　　　　　　　　　　　　　　　　　（単位：百万円）

資産の部	第41期	第42期	負債・純資産の部	第41期	第42期
流動資産	388	444	流動負債	309	355
固定資産	475	560	（短期借入金）	149	190
			固定負債	293	386
			（長期借入金）	250	340
			純資産	261	263
資産合計	863	1,004	負債・純資産合計	863	1,004

〈E社損益計算書（抜粋）と配当〉（単位：百万円）

	第41期	第42期
売上高	1,560	1,800
売上原価	1,135	1,326
売上総利益	425	474
販売費及び一般管理費	408	455
（うち減価償却費）	42	48
営業利益	17	19
経常利益	15	17
税引前当期純利益	15	17
当期純利益	9	10
配当	8	8

1）E 社の第42期の株主資本（自己資本）の充実度は同業種平均に比べ勝っているが、時系列変化では悪化している。
2）E 社の第42期の固定比率は時系列変化では悪化しているが、同業種平均と比べると勝っている。
3）E 社の負債比率を時系列比較で見た場合、第42期の負債比率は第41期より悪化しているが、これを流動負債比率と固定負債比率に分解してみると、固定負債比率の悪化による影響のほうが、流動負債比率による影響より大きい。
4）E 社の第42期の償還年数から判断すると、一般的な長期償還能力があると考えることができる。

・解説と解答・

E 社の長期安全性の各比率をまとめると次のとおりとなる。

	第41期	第42期（A）	増減	傾向	同業種平均（B）	第42期同業種平均比較（A）－（B）	
株主資本（自己資本）比率	30.2%	26.2%	▲4.0pt	悪化	25.5%	+0.7pt	E 社のほうが若干勝る
固定比率	182.0%	212.9%	+30.9pt	悪化	189.8%	+23.1pt	E 社のほうが劣る
固定長期適合率	85.7%	86.3%	+0.6pt	若干悪化	81.1%	+5.2pt	E 社のほうが劣る
負債比率	230.7%	281.7%	+51.0pt	悪化	292.2%	▲10.5pt	E 社のほうが勝る
長期借入金償還期間	5.8年	6.8年	+1.0年	悪化	5.9年	+0.9年	E 社のほうが劣る

※「pt」は「ポイント」を表している。

・資本構成の代表的指標である株主資本（自己資本）比率は悪化している。これに伴い負債比率も悪化した。
・E 社の長期安全性比率の時系列変化について、固定比率、負債比率は悪化している。また、固定長期適合率は若干悪化した。
・E 社の長期安全性比率の同業種平均との比較では、株主資本（自己資本）比率、負債比率は、E 社のほうが勝っているが、固定比率、固定長期適合率は、E 社のほうが劣っている。
・負債比率を流動負債比率と固定負債比率に分解した結果は、次の表のとおりである。固定負債比率による影響のほうが、流動負債比率による影響より大

きいことがわかる。

	第41期	第42期	増　減
負　債　比　率	230.7%	281.7%	＋51.0ポイント
流　動　負　債　比　率	118.4%	135.0%	＋16.6ポイント
固　定　負　債　比　率	112.3%	146.8%	＋34.5ポイント

・長期借入金償還期間は、同業種平均に比べＥ社のほうが0.9年ほど長く、長期借入金償還能力はＥ社のほうが劣っているが、5～7年の間にあり、一般的な長期償還能力は認められる。

・Ｅ社の長期安全比率の時系列変化、同業種平均との比較は前記のとおりである。また、固定比率は100％以上であるが、固定長期適合率は100％を下回り、かつ一般的な長期償還能力が認められることから、Ｅ社の長期安全性に特段の問題点はない。

1）適切である。
2）不適切である。Ｅ社の第42期固定比率は、時系列変化で悪化し、かつ同業種平均と比べても劣っている。
3）適切である。
4）適切である。

<u>正解　2）</u>

5－6　短期安全性の諸比率の算出

《問》 Aは、E社の短期安全性（支払能力）諸比率を算出した。下記の
〈E社等の経営指標〉の空欄①～③にあてはまる数値の組合せとして、次のうち最も適切なものはどれか。なお、「現金・預金」には定期性預金は含まれないものとし、貸倒引当金は当座比率の計算上、考慮しないものとする。また、各指標の計算にあたっては、小数点以下第2位を四捨五入すること。

〈E社貸借対照表〉　　　　　　　　　（単位：百万円）

資産の部	第42期	負債・純資産の部	第42期
現金・預金	100	支払手形	60
受取手形	50	買掛金	80
売掛金	106	短期借入金	190
貸倒引当金	▲14	未払法人税等	7
商品	195	その他流動負債	18
その他流動資産	7	〔流動負債計〕	355
〔流動資産計〕	444	〔固定負債計〕	386
〔固定資産計〕	560	負債合計	741
		純資産合計	263
資産合計	1,004	負債・純資産合計	1,004

〈E社等の経営指標〉

	第42期	同業種平均
流　動　比　率	（　①　）％	130.5％
当　座　比　率	（　②　）％	78.2％
現　金・預　金　比　率	（　③　）％	36.0％

1）①116.7（%）　　②57.5（%）　　③25.8（%）
2）①134.0（%）　　②69.5（%）　　③29.7（%）
3）①125.1（%）　　②72.1（%）　　③28.2（%）
4）①141.1（%）　　②78.2（%）　　③31.5（%）

・解説と解答・

　短期安全性とは、主に1年以内に支払期限の到来する流動負債に対して、それを賄う流動資産、当座資産、現金・預金等の比率により、安全性（支払能力）を検討するものである。

　「流動比率」とは、流動負債に対する流動資産の割合であり、静態的安全性分析では最も重要視されている。流動比率は、その数値が高いほど安全性（支払能力）が高いことを意味する。この比率は200%が目安とされているが、優良企業でも120～130%程度である。比率は業種によっても水準が大きく異なるので、同業他社比較や時系列比較によって判断する必要がある。

$$流動比率（%）＝\frac{流動資産}{流動負債}$$

　「当座比率」とは、流動負債に対する当座資産の割合である。なお、当座資産から貸倒引当金を差し引く方法もあるが、ここでは問題文の指示にある通り、貸倒引当金は考慮しないものとする。当座資産とは、流動資産のなかでも資金化（現金化）の早い、現金・預金、受取手形、売掛金、売買目的で所有する一時所有有価証券をいう。当座比率は、その数値が高いほど安全性が高いことになる。一般に、当座比率は100%以上が望ましいとされているが、実務上は流動比率の半分以上であることが一応の目安となる。

当座比率（%）

$$＝\frac{当座資産（現金・預金＋受取手形＋売掛金＋一時所有の有価証券）}{流動負債}$$

　「現金・預金比率」とは、流動負債に対する現金・預金の比率を見る指標である。現金・預金は、全額が即時に支払手段に充当可能な資金に限定されるので、通常は定期性預金を含まない。

　一方、現金・預金比率が高い場合には、資産が有効に活用されておらず、効率が悪いことが想定される。現金・預金比率は、おおよそ20%以上が理想とされている。また、月商ベースで見た場合には、おおよそ1カ月分程度を保有すれば十分だと考えられる。この比率も同業他社比較、時系列比較が必要であ

る。

$$現金・預金比率（％）＝\frac{現金・預金（除く定期性預金）}{流動負債}$$

　短期安全性の各比率とも、単に比率水準のみでなく、流動資産、流動負債の内容についてよく吟味する必要がある。現金・預金勘定に担保預金や 1 年超の固定性預金が含まれていないか、売上債権のなかに不渡手形など回収不能債権はないか、棚卸資産にデッドストックはないかなどの検討も併せて行うことが重要である。

①第42期流動比率＝444百万円÷355百万円＝125.07…％≒125.1％

②第42期当座比率＝（100百万円＋50百万円＋106百万円）÷355百万円
　　　　　　　　　＝72.11…％≒72.1％

③第42期現金・預金比率＝100百万円÷355百万円＝28.16…％≒28.2％

正解　3）

5−7　短期安全性の検討

《問》Aは、問題5−6において算出したE社の短期安全性（支払能力）
　　比率について分析した。その分析結果として、次のうち最も不適切
　　なものはどれか。

〈E社貸借対照表〉　　　　　　　　　　　　　　　　（単位：百万円）

資産の部	第41期	第42期	負債・純資産の部	第41期	第42期
現金・預金	120	100	支払手形	59	60
受取手形	40	50	買掛金	75	80
売掛金	83	106	短期借入金	149	190
貸倒引当金	▲12	▲14	未払法人税等	8	7
商品	150	195	その他流動負債	18	18
その他流動資産	7	7	〔流動負債計〕	309	355
〔流動資産計〕	388	444	〔固定負債計〕	293	386
〔固定資産計〕	475	560	負債合計	602	741
			純資産合計	261	263
資産合計	863	1,004	負債・純資産合計	863	1,004
割引手形	10	40			

1）E社の短期安全性（支払能力）に関する諸比率の時系列変化は、悪
　化傾向にある。

2）E社の第42期の短期安全性（支払能力）を同業種平均と比較する
　と、いずれの比率もE社が勝っている。

3）E社の第42期の即時支払能力を示す諸比率は、第41期より低下し
　た。

4）E社の短期安全性（支払能力）に関する諸比率の水準から判断し
　て、短期安全性に特段の問題点はない。

・解説と解答・

E社の短期安全性の各比率をまとめると次のとおりとなる。

	第41期	第42期 （A）	増減	傾向	同業種 平均（B）	第42期同業種平均比較 （（A）－（B））	
流動比率	125.6%	125.1%	▲0.5pt	若干悪化	130.5%	▲5.4pt	E社のほうが 劣っている
当座比率	78.6%	72.1%	▲6.5pt	悪化	78.2%	▲6.1pt	E社のほうが 劣っている
現金・預金比率	38.8%	28.2%	▲10.6pt	悪化	36.0%	▲7.8pt	E社のほうが 劣っている

※「pt」は「ポイント」を表している。

・E社の短期安全性諸比率の時系列変化は、いずれも悪化している。また、同業種平均の比較でも、いずれの諸比率とも劣っている。

・一方、E社における第42期の諸比率水準について見ると、流動比率は、優良企業でも120%から130%程度の企業が多いといわれているが、E社の比率は125.1%あり、この範囲内にある。また、当座比率は、理想は100%以上ではあるが、実務上は実際の流動比率の半分以上であることが目安とされており、E社の比率は流動比率の半分を超えている。現金・預金比率は、20%以上あることが理想といわれていることから、比率水準から見れば短期安全性に特段の問題はないと考えられる。

1）適切である。流動比率、当座比率、現金・預金比率とも、時系列で見ると悪化傾向にある。

2）不適切である。流動比率、当座比率、現金・預金比率は、いずれも同業種平均を下回っていることから、「E社のほうが勝っている」は誤りである。

3）適切である。即時支払能力を表す現金・預金比率は、第41期より第42期のほうが低下している。

4）適切である。短期安全性（支払能力）諸比率は、同業種平均と比較して極端な差があるわけではなく、比率の水準も前記のとおり一般的に見て問題のない範囲にあり、短期安全性に特段の問題はないと考えられる。

正解　2）

5-8 資金運用表の作成

《問》 Aは、E社の第42期資金運用表を作成しようとしている。〈E社の
第42期資金運用表〉の空欄①～③にあてはまる数値の組合せとし
て、次のうち最も適切なものはどれか。

〈E社貸借対照表〉 (単位：百万円)

資産の部	第41期	第42期	負債・純資産の部	第41期	第42期
現金・預金	120	100	支払手形	59	60
受取手形	40	50	買掛金	75	80
売掛金	83	106	短期借入金	149	190
貸倒引当金	▲12	▲14	未払法人税等	8	7
商品	150	195	その他流動負債	18	18
その他流動資産	7	7	〔流動負債計〕	309	355
〔流動資産計〕	388	444	〔固定負債計〕	293	386
有形固定資産	405	480	負債合計	602	741
無形固定資産	15	15	純資産合計	261	263
〔固定資産計〕	475	560	負債・純資産合計	863	1,004
資産合計	863	1,004			
割引手形	10	40			

〈E社損益計算書〉 (単位：百万円)

	第41期	第42期
売上高	1,560	1,800
売上原価	1,135	1,326
売上総利益	425	474
販売費及び一般管理費	408	455
（うち減価償却費）	42	48
営業利益	17	19
経常利益	15	17
税引前当期純利益	15	17
法人税等	6	7
当期純利益	9	10

〈E社第42期資金運用表〉　　　　　　　　　　　　（単位：百万円）

	運　用		調　達	
固定資金	法 人 税 等 支 払	（　①　）	税 引 前 当 期 純 利 益	17
	配 当 金 支 払	8	減 価 償 却 費	□□□
	設 備 投 資	（　②　）	退 職 給 付 引 当 金 増 加	3
	無 形 固 定 資 産 増 加	0	長 期 借 入 金 増 加	90
	投 資 そ の 他 資 産 増 加	10		
	固 定 資 金 余 剰	□□□		
	計	□□□	計	□□□
運転資金	売 上 債 権 増 加	63	仕 入 債 務 増 加	（　③　）
	棚 卸 資 産 増 加	45	貸 倒 引 当 金 増 加	2
	そ の 他 流 動 資 産 増 加	0	そ の 他 流 動 負 債 増 加	0
			運 転 資 金 不 足	□□□
	計	108	計	□□□
財務資金	現 金 ・ 預 金 増 加	▲20	短 期 借 入 金 増 加	41
			割 引 手 形 増 加	30
	運 転 資 金 不 足	□□□	固 定 資 金 余 剰	□□□
	計	□□□	計	□□□
	合　　計	346	合　　計	346

※問題の性質上、明らかにできない部分は「□□□」で示している。

1）①8（百万円）　　②123（百万円）　　③ 6（百万円）

2）①9（百万円）　　②102（百万円）　　③ 6（百万円）

3）①9（百万円）　　②115（百万円）　　③12（百万円）

4）①8（百万円）　　②134（百万円）　　③12（百万円）

・解説と解答・

　資金運用表とは、2期間の貸借対照表をベースにし、各勘定科目の増減を資金の調達と運用に分類して一覧表とし、一定期間の資金の調達と運用がどのようになされ、それが企業の財務構成や資金繰りにどのように影響したか、調達と運用のバランスの良否を検証するものである。

　まず、資金は、貸借対照表の配列に準じて、固定資産を「固定資金」、流動資産を「運転資金」として捉え、さらに借入金や割引手形、現金・預金の増減を「財務資金」として捉える。資金運用表の作成の基本は、貸借対照表の各勘定科目の2期間の増減を算出して、負債・純資産の増加は資金の調達欄に、資産の増加は資金の運用欄に記入し、さらに損益計算書より、減価償却費、各種引当金の増加額すなわち現金支出を伴わない費用を資金の調達欄に、損益計算書、株主資本等変動計算書より、納税資金および社外流出（配当金）を資金の運用欄に記入する。

①法人税等支払
　　＝第41期未払法人税等＋第42期法人税等－第42期未払法人税等
　　＝8百万円＋7百万円－7百万円
　　＝8百万円

②設備投資
　　＝第42期有形固定資産＋第42期減価償却費－第41期有形固定資産
　　＝480百万円＋48百万円－405百万円
　　＝123百万円

③仕入債務増加
　　＝第42期支払手形＋第42期買掛金－第41期支払手形－第41期買掛金
　　＝60百万円＋80百万円－59百万円－75百万円
　　＝6百万円

正解　1）

5 － 9　資金運用表の判断

《問》　Aは、問題 5 － 8 において作成した E 社の第42期における資金運用
　　表について分析した。その分析結果として、次のうち最も不適切な
　　ものはどれか。なお、「運転資金＝売上債権＋棚卸資産－仕入債
　　務」、「キャッシュ・フロー＝留保利益（税引前当期純利益－法人税
　　等支払・配当金）＋減価償却費＋退職給付引当金増加額」とするこ
　　と。

〈 E 社第42期資金運用表〉　　　　　　　　（単位：百万円）

	運用		調達	
固定資金	法人税等支払	8	税引前当期純利益	17
	配当金支払	8	減価償却費	48
	設備投資	123	退職給付引当金増加	3
	無形固定資産増加	0	長期借入金増加	90
	投資その他資産増加	10		
	固定資金余剰	9		
	計	158	計	158
運転資金	売上債権増加	63	仕入債務増加	6
	棚卸資産増加	45	貸倒引当金増加	2
	その他流動資産増加	0	その他流動負債増加	0
			運転資金不足	100
	計	108	計	108
財務資金	現金・預金増加	▲20	短期借入金増加	41
			割引手形増加	30
	運転資金不足	100	固定資金余剰	9
	計	80	計	80
	計	346	計	346

1）法人税等支払は、税引前当期純利益の範囲内で賄われ、また、配当金支払による社外流出は、税金支払後の利益の中から賄われているので、留保利益はプラスである。

2）設備投資額および投資その他資産の増加額の合計は、第42期のキャッシュ・フローの範囲を超えているが、不足分は長期借入金の調達で賄われ、固定資金余剰が発生しているので、財務の安定性は保たれている。

3）第42期に発生した増加運転資金は、月商の増加額20百万円の約5カ月分であったため、回転期間の変化とその要因を究明していく必要がある。

4）運転資金欄の資金不足は、固定資金欄の余剰、預金の取崩し、短期借入金・割引手形の増加で賄われている状態といえるので、資金不足の要因について調査する必要はない。

● 解説と解答 ●

①固定資金欄の見方のポイント

　固定資金については、「調達＞運用」となっていることが重要である。企業の1期間の経営活動により生じたキャッシュ・フロー（留保利益＋減価償却費＋長期性諸引当金増加額）で長期資金の運用を賄い、なお資金余剰が発生すれば、固定資金で運転資金（流動資金）を賄うことになるので、企業の資金繰りはより安定する。逆に、固定資金部分で資金不足が発生している場合、この不足資金は運転資金からの流用や短期資金の借入れ（含む割引手形）で賄うことになるため、資金繰りを逼迫し、財務構成は悪化していく。

　具体的には、(i)決算資金（税金・配当金支払）が「税引前当期純利益」で賄われていること、(ii)設備資金が「キャッシュ・フロー＋長期借入金」で賄われていることが重要である。ただし、長期借入金の返済能力があることが前提となる（問題5－4の解説参照）。

②運転資金欄の見方のポイント

　運転資金については、資金不足（増加運転資金の発生）となっているか、資金余剰（減少運転資金の発生）となっているか、運転資金不足の発生要因は何か（売上債権・棚卸資産の増加（減少）あるいは仕入債務の減少（増加）によるものかなど）を確認する。

　さらに、増加（減少）運転資金の発生要因は、売上の増減によるものか、回

転期間の変化によるものか、売上債権・棚卸資産の増減額と月商増減額との対比に異常性はないか、売上債権の増加と仕入債務の増減のバランスは保たれているかなどを、後述する回転期間分析などにより見極める。回転期間の変化による場合には、さらにその変化の要因を追及していくことになる。

③財務資金欄の見方のポイント

　財務資金欄では、固定資金欄、運転資金欄の余剰もしくは不足が現金・預金や短期借入金、割引手形によってどのように賄われているかを確認する。短期借入金や割引手形の増加によって、固定資金の資金不足を充足している場合には、資金繰りや財務構成が悪化する可能性がある。

④全体を通して

　本問の固定資金欄では、設備投資123百万円がキャッシュ・フロー52百万円（＝留保利益（税引前当期純利益－法人税等支払・配当金）＋減価償却費＋退職給付引当金増加額＝17百万円－ 8 百万円－ 8 百万円＋48百万円＋ 3 百万円）で賄われていないが、不足分は長期借入金増加90百万円で賄われている。

　税引前・償却前・諸引当前当期純利益68百万円と長期借入金の増加90百万円で調達合計158百万円となる。これに対して、決算資金流出（税金支払・配当金支払）が16百万円、設備投資が123百万円、無形固定資産・投資その他への支出10百万円、合計149百万円の支出となり、固定資金余剰 9 百万円が発生、調達と運用バランスはおおむね良好である。

　運転資金欄では、売上債権の増加63百万円、棚卸資産増加45百万円、計108百万円の運用に対して、調達は仕入債務の増加 6 百万円だけであり、増加運転資金102百万円も発生している。

　財務資金欄では、運転資金不足100百万円を主因として、短期借入金41百万円、割引手形30百万円が増加している。

　したがって、肢 1)、 2)、 3) は、適切な記述である。

4) 不適切である。運転資金欄の資金不足を、固定資金欄の余剰、預金の取崩し、短期借入金・割引手形の増加で賄われている状態といえるが、売上債権と棚卸資産の回転期間の変化が、運転資金欄での増加運転資金の発生要因であるので、不良債権・不良在庫の発生、受取手形への融通手形の混入などがないか、究明していく必要がある。

正解　 4)

5－10　経常収支・経常収支比率の算出

《問》Aは、問題5－8～5－9における検討により、E社の第42期において多額の増加運転資金が発生していることから、キャッシュ・フローベースの資金繰り実態を検証することとした。〈E社第42期経常収支表〉の空欄①～③にあてはまる数値の組合せとして、次のうち最も適切なものはどれか。なお、経常収支比率の答は％表示とし、小数点以下第2位を四捨五入すること。

〈E社貸借対照表〉　　　　　　　　　　　　　　（単位：百万円）

資産の部	第41期	第42期	負債・純資産の部	第41期	第42期
現金・預金	120	100	支払手形	59	60
受取手形	40	50	買掛金	75	80
売掛金	83	106	短期借入金	149	190
貸倒引当金	▲12	▲14	未払法人税等	8	7
商品	150	195	その他流動負債	18	18
その他流動資産	7	7	〔流動負債計〕	309	355
〔流動資産計〕	388	444	〔固定負債計〕	293	386
〔固定資産計〕	475	560	負債合計	602	741
			純資産合計	261	263
資産合計	863	1,004	負債・純資産合計	863	1,004
割引手形	10	40			

〈E社損益計算書〉　　（単位：百万円）

	第41期	第42期
売上高	1,560	1,800
売上原価	1,135	1,326
売上総利益	425	474
販売費及び一般管理費	408	455
（うち減価償却費）	42	48
営業利益	17	19
経常利益	15	17
税引前当期純利益	15	17
法人税等	6	7
当期純利益	9	10

〈E社第42期経常収支表〉 （単位：百万円）

経常収入	売上高	1,800
	売上債権増加額	（ ① ）
	営業外収益	12
	計	□□□
経常支出	売上原価	1,326
	販売費及び一般管理費	455
	営業外費用	14
	棚卸資産増加額	45
	仕入債務増加額	（ ② ）
	減価償却費	▲48
	退職給付引当金増加額	▲3
	貸倒引当金増加額	▲2
	計	□□□
経常収支尻		□□□
経常収支比率		（ ③ ）%

※問題の性質上、明らかにできない部分は「□□□」で示している。

1）①▲63（百万円）　②　6（百万円）　③ 98.2（%）
2）①　63（百万円）　②　6（百万円）　③101.2（%）
3）①▲63（百万円）　②▲6（百万円）　③ 98.2（%）
4）①　63（百万円）　②▲6（百万円）　③101.2（%）

・解説と解答・

　経常収支を算出することによって、企業の経営活動における一定期間（決算期）のキャッシュ・フローベースによる収入と支出のバランスを捉え、企業の資金繰り状態（支払能力）の良否を検証することができる。

　資金繰り状態を検証する指標として、流動比率や当座比率、株主資本（自己資本）比率および固定比率などがあるが、これらは期末時点の残高を基に静態的に捉えたものであるのに対して、経常収支は動態的に捉えたものである。

経常収入の算出

　経常収入＝売上高－売上債権増加額＋営業外収益＋前受金増加額
　　　　　　＋前受収益増加額

　経常支出＝売上原価＋販売費及び一般管理費＋営業外費用＋棚卸資産増加額
　　　　　　＋前払費用増加額＋前渡金増加額－仕入債務増加額－未払金増加
　　　　　　額－未払費用増加額－減価償却費－諸引当金増加額

　　※科目の減少の場合は、＋と－が逆となる。

　経常収支差額（尻）＝経常収入－経常支出

　経常収支比率（％）＝$\dfrac{経常収入}{経常支出}$

　上記の算出式により、売上債権の増加分は、回収が繰り延べされ現金回収が発生しないので、収入（売上高）より控除する。なお、受取手形は割引手形を含んだ額で計算し、受取手形の割引は財務収支で取り扱う。棚卸資産の増加は、棚卸資産を購入した分の支出があったことになるので、支出に加算する。仕入債務の増加は、支払が繰り延べされ支出が発生しなかったことになるので、支出から控除する。

　経常収入が経常支出を上回っていれば、収入で支出が賄えているので資金繰りは安定する。したがって、経常収支尻が十分な資金余剰であれば、これを用いて設備資金や税金・配当金の支払いを行うことができる。

　経常収入と経常支出との割合は、経常収支比率として表される。経常収入より経常支出が少ない場合には、この比率が100％超となり、資金繰りに余裕があることを表す。

①売上債権増加額

　　＝第42期売上債権（受取手形＋割引手形＋売掛金）－第41期売上債権
　　　（受取手形＋割引手形＋売掛金）

　　＝（50百万円＋40百万円＋106百万円）－（40百万円＋10百万円

　　　　＋83百万円）＝63百万円

　　売上債権の増加は、この分回収が繰延べされ今期の回収とはならないので、売上高から控除しマイナス計上する。（▲63百万円）…①

②仕入債務増加額

　　　　＝第42期仕入債務（支払手形＋買掛金）－第41期仕入債務（支払手形
　　　　　＋買掛金）

　　　　＝（60百万円＋80百万円）－（59百万円＋75百万円）＝ 6 百万円

　　仕入債務の増加は、仕入代金などの支払が先送りされることになるので、当期支出より控除しマイナス計上する。（▲ 6 百万円）…②

③経常収支表により、経常収入は1,749百万円、経常支出は1,781百万円と算出できる。なお、経常収支尻は、経常支出が経常収入より多い金額なので、▲32百万円となる。

　　経常収支比率＝1,749百万円÷1,781百万円＝98.20…％≒98.2％…③

　　　　　　　　　　　　　　　　　　　　　　　　　　　　正解　3 ）

5－11　経常収支状況の見方

《問》Aは、問題5－10のE社第42期における経常収支状況について分析を行った。その結果として、次のうち最も適切なものはどれか。なお、経常収支比率の同業種平均は、103.4%である。

〈E社第42期経常収支表〉　（単位：百万円）

経常収入	売上高	1,800
	売上債権増加額	▲63
	営業外収益	12
	計	1,749
経常支出	売上原価	1,326
	販売費及び一般管理費	455
	営業外費用	14
	棚卸資産増加額	45
	仕入債務増加額	▲6
	減価償却費	▲48
	退職給付引当金増加額	▲3
	貸倒引当金増加額	▲2
	計	1,781
経常収支尻		▲32
経常収支比率		□□□%

※問題の性質上、明らかにできない部分は「□□□」で示している。

1）E社の経常収入は、「売上高＜売上収入」となっていることから、回収が伴わない売上高が計上されているおそれはまったくない。

2）E社の経常支出では、商品が増加しているなど、売上原価よりも当期商品仕入高のほうが大きく、それだけ仕入支出も大きくなっている。

3）販売費及び一般管理費に含まれる減価償却費や引当金繰入額は、実務上、利益操作の対象になりがちであるが、経常支出の算出では、販売費及び一般管理費に含まれる減価償却費や引当金繰入額を経常支出から控除しないため、経常支出に影響を与えない。

> 4）E社の経常収支比率は100％以上であり、かつ同業他社に比べ、資
> 金繰りの安定性があるといえる。

・解説と解答・

　経常収入が経常支出を上回っていれば、収入で支出が賄えるので資金繰りは
安定する。したがって、収入と支出の差額（経常収入－経常支出＝経常収支
尻）がプラスで、この額が多いほど資金繰りは安定する。

　経常収入と経常支出の割合を表したものが経常収支比率で、「経常収入÷経
常支出」で算出される。経常収支比率が大きいほど収入が多く、経常収支尻に
十分な資金余剰が生じ、これを用いて設備投資や税金、配当金の支払を行うこ
とができる。また、経常収支は、損益計算書上の経常利益に資金収支の過不足
を修正した概念で、次のように捉えられる。

　　経常収支尻＝経常利益－増加運転資金＋非現金支出費用（減価償却費＋諸
　　　　　　引当金増加額）

　したがって、経常収支尻がマイナスあるいは低水準で推移している場合に
は、売上債権や棚卸資産に回収不能債権、デッドストックなどが発生している
ことが懸念されるため、回転期間が長期化していないか、さらに同業種平均と
比較して異常に長くないかを確認することが必要である。仮に、回転期間の長
期化や同業種平均との差異が異常である場合は、その原因を調査し解明してい
かなければならない。

　E社の経常収支の状況は、経常収支尻▲32百万円なので、経常収入より経
常支出のほうが多く、経常支出は経常収入1,749百万円＋経常収支尻32百万円
＝1,781百万円となる。経常収支比率は、経常収入1,749百万円÷経常支出
1,781百万円≒98.2％である。経常収支尻がマイナスとなった要因は、売上債
権の増加63百万円、棚卸資産の増加45百万円に対して、仕入債務の増加6百万
円であったために、増加運転資金102百万円が発生したことにある。

1）不適切である。E社の経常収入は、「売上高＞売上収入」となっているこ
　とから、回収が伴わない売上高が計上されているおそれがある。なお、
　「売上収入＝売上高－売上債権増加額」である。

2）適切である。E社の経常支出では、商品が増加しているため、売上原価よ
　りも当期商品仕入高が大きくなり、その分だけ仕入支出も大きくなってい
　る。なお、「当期商品仕入高＝売上原価＋棚卸資産増加額」である。

3）不適切である。販売費及び一般管理費に含まれる減価償却費や引当金繰入

額は、実務上、利益操作の対象になりがちであるが、経常支出の算出では、販売費及び一般管理費に含まれる減価償却費や引当金繰入額は経常支出から控除するので、これらの金額の大小は経常支出に影響を与えない。

4）不適切である。E社の経常収支比率は98.2％で、100％を下回っている。さらに、同業種平均の103.4％を下回っていることから、第42期における同業他社との比較においても、安定性が劣っている。

<u>正解　2）</u>

5－12　回転期間の算出

《問》Aは、問題5－7～5－11の分析等により判明したE社の増加運転
資金の発生要因を確認するために、回転期間分析を行った。〈E社
等の経営指標〉の空欄①～③にあてはまる数値の組合せとして、次
のうち最も適切なものはどれか。なお、計算にあたっては、各回転
期間とも小数点以下第3位を四捨五入すること。また、E社の商品
回転期間を棚卸資産回転期間とすること。

〈E社貸借対照表〉 (単位：百万円)

資産の部	第41期	第42期	負債・純資産の部	第41期	第42期
現金・預金	120	100	支払手形	59	60
受取手形	40	50	買掛金	75	80
売掛金	83	106	短期借入金	149	190
貸倒引当金	▲12	▲14	未払法人税等	8	7
商品	150	195	その他流動負債	18	18
その他流動資産	7	7	〔流動負債計〕	309	355
〔流動資産計〕	388	444	〔固定負債計〕	293	386
〔固定資産計〕	475	560	負債合計	602	741
			純資産合計	261	263
資産合計	863	1,004	負債・純資産合計	863	1,004
割引手形	10	40			

〈E社損益計算書〉 (単位：百万円)

	第41期	第42期
売上高	1,560	1,800
売上原価	1,135	1,326
売上総利益	425	474
営業利益	17	19
経常利益	15	17
税引前当期純利益	15	17
当期純利益	9	10

〈E社等の経営指標〉

	第41期	第42期	同業種平均
売上債権回転期間	1.02カ月	（ ① ）カ月	1.13カ月
棚卸資産回転期間	1.15カ月	1.30カ月	1.17カ月
仕入債務回転期間	1.03カ月	（ ② ）カ月	1.03カ月
収　支　ズ　レ	（ ③ ）カ月	□□□カ月	□□□カ月

※問題の性質上、明らかにできない部分は「□□□」で示している。
1）①1.31（カ月）　　②0.93（カ月）　　③1.14（カ月）
2）①1.12（カ月）　　②1.02（カ月）　　③1.28（カ月）
3）①1.26（カ月）　　②0.88（カ月）　　③1.07（カ月）
4）①1.45（カ月）　　②1.12（カ月）　　③1.23（カ月）

●解説と解答●

　回転期間分析とは、企業に投下された資産の滞留期間、回収までの期間を算出して、その効率性を判定する分析手法である。回転期間分析に使用する指標には、「回転率」と「回転期間」がある。「回転率」とは、その資産が一定期間内に何回入れ替わったか、すなわち1年間における回転の回数を表すのに対して、「回転期間」は、1回転するのに要する期間（何カ月、何日等）で表す。

　「回転期間」は、売上債権、棚卸資産（商品）、仕入債務の各回転期間の算出にあたり、便宜的に共通の分母として売上高（月商）を充てることになっている。共通の分母とすることで、「各資産の回転期間合計＝総資産回転期間」となり、各資産の運用効率を比較検討することが可能となる。

　「売上債権回転期間」における「売上債権」とは、受取手形と売掛金の合計額である。したがって、売上債権回転期間は、商品等を販売してから売上代金が回収されるまでの期間を意味する。売上債権回転期間は、短いほど回収が早く、資本の運用効率がよいことになる。なお、回転率、回転期間の算出にあたっては、「売上債権」に貸借対照表の脚注表示の「割引手形」「裏書譲渡手形」を加算して算出するので注意が必要である。

$$売上債権回転期間（カ月）＝\frac{売上債権残高}{平均月商^{※}}$$

　「棚卸資産回転期間」は、月商の何カ月分の在庫があるかという手持ち期間

を表し、現在の在庫が何カ月で入れ替わるかを意味する。棚卸資産の回転期間は、欠品が生じない範囲でその期間が短ければ短いほど資本の運用効率がよいことになる。

$$棚卸資産回転期間（カ月）＝\frac{棚卸資産残高}{平均月商^※}$$

「仕入債務回転期間」における「仕入債務」とは、支払手形と買掛金の合計金額である。したがって、仕入債務回転期間は、商品等を仕入れてから何カ月で支払うか、つまり仕入代金の支払期間を表すものである。

$$仕入債務回転期間（カ月）＝\frac{仕入債務残高}{平均月商^※}$$

※仕入高・売上原価を使うこともある

「収支ズレ」とは、売上債権回転期間と棚卸資産回転期間の合計と仕入債務回転期間の差である。これは営業資金の回収と支払のズレにより生ずる運転資金の立替期間ということになる。収支ズレは、平均月商を基準にした運転資金の必要割合を示し、この期間が長いと必要運転資金が増加する。したがって、この期間の長短は、その企業の運転資金需要体質を表している。

第42期売上債権回転期間
　＝売上債権（受取手形＋売掛金＋割引手形）÷月商
　＝（50百万円＋106百万円＋40百万円）÷（1,800百万円÷12）
　＝1.306…カ月≒1.31カ月…①

第42期仕入債務回転期間
　＝仕入債務（支払手形＋買掛金）÷月商
　＝（60百万円＋80百万円）÷（1,800百万円÷12）
　＝0.933…カ月≒0.93カ月…②

第41期収支ズレ＝売上債権回転期間＋棚卸資産回転期間
　　　　　　　　－仕入債務回転期間
　＝1.02カ月＋1.15カ月－1.03カ月
　＝1.14カ月…③

正解　1）

5－13　回転期間の変化（長期化）の問題点

《問》Aは、問題5－12において分析したE社の各回転期間の変化により
想定される問題点を検討した。Aの検討結果として、次のうち最も
不適切なものはどれか。

〈E社等の経営指標〉

	第41期	第42期	同業種平均
売上債権回転期間	1.02ヵ月	1.31ヵ月	1.13ヵ月
棚卸資産回転期間	1.15ヵ月	1.30ヵ月	1.17ヵ月
仕入債務回転期間	1.03ヵ月	0.93ヵ月	1.03ヵ月
収支ズレ	1.14ヵ月	1.68ヵ月	1.27ヵ月

1）E社の第42期における売上債権回転期間は、第41期における売上債
　権回転期間と比較して伸長した。その要因として、取引条件が不利
　となったり、回収遅延による滞留債権が発生したことなどが考えら
　れる。

2）E社の第42期における棚卸資産回転期間は、第41期における棚卸資
　産回転期間と比較して伸長した。その要因として、販売不振による
　滞留在庫の発生、多額の返品、陳腐化による不良在庫の増加などが
　考えられる。

3）E社の第42期における仕入債務回転期間は、第41期における仕入債
　務回転期間と比較して短縮した。その要因として、仕入先から信用
　を供与してもらえず、早期支払を強制されていることなどが考えら
　れる。

4）E社の第42期における収支ズレは、第41期における収支ズレと比較
　して短縮した。このため、一般に資金負担は軽くなっていると考え
　られる。

・解説と解答・

E社の各回転期間を整理すると次のとおりである。

	第41期	第42期	増減	同業種平均	第42期同業種平均比較	
売上債権回転期間	1.02カ月	1.31カ月	＋0.29カ月	1.13カ月	＋0.18カ月	E社のほうが長い
棚卸資産回転期間	1.15カ月	1.30カ月	＋0.15カ月	1.17カ月	＋0.13カ月	E社のほうが長い
仕入債務回転期間	1.03カ月	0.93カ月	▲0.10カ月	1.03カ月	▲0.10カ月	E社のほうが短い
収　支　ズ　レ	1.14カ月	1.68カ月	＋0.54カ月	1.27カ月	＋0.41カ月	E社のほうが長い

　E社の売上債権・棚卸資産の回転期間の時系列変化は長期化し、仕入債務回転期間は短期化した。この結果、収支ズレは長期化した。

　また、E社の売上債権・棚卸資産は、同業種平均との比較では長く、仕入債務回転期間は、同業平均との比較では短い。そのため、収支ズレは0.41カ月長く、資金負担が重くなっている状態である。

　一般に、回転期間の変化には次のような要因が考えられるので、その内容の調査を行うことが必要である。

①売上債権回転期間の長期化……回収遅延や回収不能などの不良債権の発生、取引条件の悪化や企業の販売政策から回収条件を緩やかにして売上増加を企図する場合、期末に売上が集中し売上債権残高が膨らむ場合など。

②売上債権回転期間の短期化……販売先の信用不安から回収を急いだり、自社の資金繰り悪化から回収を早めたりと、過去の不良債権の回収や損失処理などを行った場合の変化として現れる。

③棚卸資産回転期間の長期化……販売不振による在庫の増加や不良在庫の発生が要因として考えられるが、政策的な一時的在庫積み増し（販売促進活動のための仕入、人気・品薄品、値上がり見込商品等の一括大量仕入）の可能性もある。また、棚卸資産を水増しすることにより架空の利益を計上する粉飾にも注意が必要である。

④棚卸資産回転期間の短期化……売上急増による在庫の払底、滞貨の安値処分による変化。

⑤仕入債務回転期間の長期化……自社資金繰りの改善のために支払期限を延ばす場合がある。

⑥仕入債務回転期間の短期化……仕入先に対して、支払条件を優遇して安値仕入を行う場合や、仕入先へ支援目的で支払優遇として早期に支払う場合は短

期化される。一方、自社の信用悪化のため、仕入先から支払条件を短期化される場合もある。

　したがって、肢1）、2）、3）は売上債権、棚卸資産、仕入債務の回転期間の時系列変化をコメントしたもので、いずれも実績および考えられる事項としては適切である。長期化等の事由については、企業側に質問して解明していかなければならない。

4）不適切である。E社の収支ズレは、同業種平均に比べて0.41カ月長く、また、第42期は第41期に比べ0.54カ月長期化している。

正解　4）

5 - 14 所要運転資金・増加運転資金の算出

《問》 Aが、E社の第42期における所要運転資金および増加運転資金を在高方式により算出した額の組合せとして、次のうち最も適切なものはどれか。

〈E社貸借対照表〉 （単位：百万円）

資産の部	第41期	第42期	負債・純資産の部	第41期	第42期
現金・預金	120	100	支払手形	59	60
受取手形	40	50	買掛金	75	80
売掛金	83	106	短期借入金	149	190
貸倒引当金	▲12	▲14	未払法人税等	8	7
商品	150	195	その他流動負債	18	18
その他流動資産	7	7	〔流動負債計〕	309	355
〔流動資産計〕	388	444	〔固定負債計〕	293	386
〔固定資産計〕	475	560	負債合計	602	741
			純資産合計	261	263
資産合計	863	1,004	負債・純資産合計	863	1,004
割引手形	10	40			

1） 第42期の所要運転資金：225百万円
　　第42期の増加運転資金： 96百万円
2） 第42期の所要運転資金：271百万円
　　第42期の増加運転資金：114百万円
3） 第42期の所要運転資金：251百万円
　　第42期の増加運転資金：102百万円
4） 第42期の所要運転資金：205百万円
　　第42期の増加運転資金： 82百万円

・解説と解答・

　売上債権、棚卸資産は資金の運用であり、仕入債務は資金の調達である。「（売上債権＋棚卸資産）＞仕入債務」の関係にある場合の両辺の差額を所要運転資金（または経常運転資金）という。

　　所要（経常）運転資金＝売上債権（割引手形を含む）＋棚卸資産

　　　　　　　　　　　　　　－仕入債務

　売上高の増加や回収条件の変更、適正在庫量の変化、支払条件の変更などにより、各勘定残高が変動すると必然的に所要運転資金の総量が変化する。

　　増加運転資金＝当期所要運転資金－前期所要運転資金

　ただし、上記算式で増加運転資金がマイナスとなる場合は、減少運転資金となり、運転資金が減少したことになる。

　　第42期所要運転資金＝売上債権＋棚卸資産－仕入債務

　　　　　　　　　　　　＝196百万円＋195百万円－140百万円

　　　　　　　　　　　　＝251百万円

　　第41期所要運転資金＝売上債権＋棚卸資産－仕入債務

　　　　　　　　　　　　＝133百万円＋150百万円－134百万円

　　　　　　　　　　　　＝149百万円

　　第42期増加運転資金＝第42期所要運転資金－第41期所要運転資金

　　　　　　　　　　　　＝251百万円－149百万円

　　　　　　　　　　　　＝102百万円

<u>正解　3）</u>

5－15　増加運転資金の発生要因

《問》Aは、問題5－14で算出したE社の第42期における増加運転資金について、その発生要因を、①収支ズレの拡大（回転期間の長期化）に伴う増加運転資金と、②売上高の増加に伴う増加運転資金とに分解して把握することにした。Aが算出した①および②の額の組合せとして、次のうち最も適切なものはどれか。なお、収支ズレの拡大と売上高の増加に伴う相乗効果分は、収支ズレの拡大に含めることとし、売上高の増加に伴う増加運転資金は、増加運転資金の総額から収支ズレの拡大に伴う増加運転資金を差し引いて計算すること。

	第41期	第42期	増減
月商	130百万円	150百万円	＋20百万円
収支ズレ	1.14カ月	1.68カ月	＋0.54カ月
所要運転資金	149百万円	251百万円	＋102百万円

1）①88百万円　　②38百万円
2）①81百万円　　②21百万円
3）①76百万円　　②28百万円
4）①75百万円　　②26百万円

・解説と解答・

　売上債権などの各勘定科目残高は、「平均月商×回転期間」により求めることができる。所要運転資金は、問題5－14のように、売上債権などの残高から求められるが、平均月商と収支ズレに分解することによって、増加運転資金の発生要因を平均月商と回転期間の差である収支ズレからも求めることができる。

所要運転資金＝平均月商×（売上債権回転期間＋棚卸資産回転期間－仕入債務回転期間）
　　　　　　＝平均月商×収支ズレ

　増加運転資金は、平均月商の増加、収支ズレの拡大のいずれか一方の要因、または双方を要因として発生する。収支ズレによる増加運転資金の算出方法は、以下のとおりである。

（収支ズレの拡大に伴う増加運転資金）

192

収支ズレの拡大に伴う増加運転資金＝当期の平均月商×収支ズレの増減
（売上増加に伴う増加運転資金）
　　増加運転資金の総額−収支ズレの拡大に伴う増加運転資金
　第42期の増加運転資金102百万円を売上増加に伴うものと回転期間の増加に伴うものとに分解して、要因別の金額を算出すると次のようになる。

	第41期	第42期	増　　減	
月　　　商	130百万円	150百万円	＋20百万円	
収 支 ズ レ	1.14カ月	1.68カ月	＋0.54カ月	→収支ズレの拡大
所要運転資金	149百万円	251百万円	＋102百万円	→第42期増加運転資金

（収支ズレの拡大に伴う増加運転資金）
　　第42期月商×収支ズレの拡大＝150百万円×0.54カ月
　　　　　　　　　　　　　　　　＝81百万円…①
　なお、収支ズレの拡大に伴う増加運転資金は、次の(1)と(2)に分解することができる。
　(1)収支ズレの拡大のみに伴う増加運転資金
　　第41期月商×収支ズレの拡大＝130百万円×0.54カ月
　　　　　　　　　　　　　　　　＝70.2百万円
　(2)相乗効果
　　第42期月商増加額×収支ズレの拡大＝20百万円×0.54カ月
　　　　　　　　　　　　　　　　　　　＝10.8百万円

（売上増加に伴う増加運転資金）
　　増加運転資金−収支ズレの拡大に伴う増加運転資金
　　＝102百万円−81百万円
　　＝21百万円…②

正解　2）

5－16　必要運転資金の算出

> 《問》 Aは、E社からの「今期（第43期）は、売上高約2,040百万円を見
> 込んでいる。ついては、増加運転資金が約50百万円必要となるので
> 支援してほしい」との申出金額が妥当であるかを判断するために、
> 第42期の収支ズレを基に、第43期における必要（増加）運転資金を
> 算出した。E社の第43期の必要（増加）運転資金として、次のうち
> 最も適切なものはどれか。なお、第42期の必要運転資金は251百万
> 円、第43期の収支ズレは1.80カ月、第43期計画売上高は2,040百万
> 円とする。
> 1）33百万円
> 2）42百万円
> 3）55百万円
> 4）64百万円

・解説と解答・

　第43期の必要（増加）運転資金予想額は、第43期の必要運転資金予想額から
第42期の必要運転資金を差し引くことで求めることができる。
　第43期の必要運転資金予想額
　　　＝第43期計画売上高÷12カ月×第43期収支ズレ
　　　＝2,040百万円÷12カ月×1.80カ月
　　　＝306百万円
　第43期の必要（増加）運転資金
　　　＝第43期の必要運転資金－第42期必要運転資金
　　　＝306百万円－251百万円
　　　＝55百万円

正解　3）

5－17 損益分岐点売上高の算出

《問》Aが、E社の損益分岐点分析を行った下記の表中の空欄①～③にあてはまる数値の組合せとして、次のうち最も適切なものはどれか。なお、本問における利益は、税引前当期純利益（経常利益）を用いること。また、計算にあたっては、限界利益率および経営安全率は%表示の小数点以下第3位を四捨五入し、損益分岐点売上高は百万円未満を四捨五入すること。

	第41期	第42期
売　　　　上　　　　高	1,560百万円	1,800百万円
変　　　　動　　　　費	1,234百万円	1,414百万円
固　　　　定　　　　費	311百万円	（　①　）百万円
税引前当期純利益（経常利益）	15百万円	17百万円
変　　動　　費　　率	□□□%	□□□%
限　　界　　利　　益　　率	20.90%	（　②　）%
損　益　分　岐　点　売　上　高	□□□百万円	□□□百万円
経　　営　　安　　全　　率	4.62%	（　③　）%

※問題の性質上、明らかにできない部分は「□□□」で示している。

1) ①298（百万円）　　②17.39（%）　　③4.80（%）
2) ①324（百万円）　　②18.83（%）　　③4.41（%）
3) ①346（百万円）　　②20.06（%）　　③4.18（%）
4) ①369（百万円）　　②21.44（%）　　③4.39（%）

• 解説と解答 •

　損益分岐点分析とは、損益分岐点売上高（利益がゼロとなる売上高）を算出し、これを基準に財務の安全性を判定するものである。

　企業の実際の売上高が、大きく損益分岐点売上高を上回っていれば、多少売上が減少しても、利益が確保される体質を備えていることになる。逆に、実際の売上高が損益分岐点売上高をわずかに超えている場合では、売上高がわずか

に減少すると、赤字が発生する状態にある。損益分岐点を算出するには、まず費用を変動費と固定費に分解する必要がある。

　変動費とは、売上高、操業度の変化に比例して増減する費用であり、主として、商業では売上原価が該当する。

　固定費とは、売上高、操業度のいかんにかかわらず必要となる費用であり、人件費、支払利息、減価償却費、不動産賃借料、固定資産税などがある。費用の分解には、個別費用法と総費用法がある。個別費用法は、各費用項目をその性質に基づいて個別に固定費と変動費に分別する方法である。

　損益分岐点分析の基本式は、「売上高−（変動費＋固定費）＝損益」である。損益分岐点分析の損益は、営業利益または経常利益で考える場合があるが、一般に、財務活動による営業外損益を加減した経常利益が用いられることが多い。本問でも、税引前当期純利益（経常利益）を基準としている。損益分岐点分析における、売上高、変動費、固定費、損益、変動費率、限界利益、限界利益率などの関係は、下記のとおりである。

　　売上高＝（変動費＋固定費）＋利益（経常利益）

　　売上高−変動費＝限界利益

　　限界利益＝固定費＋利益　　（固定費＝限界利益−利益）

$$限界利益率 = \frac{限界利益}{売上高}$$

$$= 1 - \frac{変動費}{売上高}$$

$$= 1 - 変動費率$$

$$損益分岐点売上高 = \frac{固定費}{限界利益率}$$

$$= \frac{固定費}{1 - \dfrac{変動費}{売上高}}$$

　損益分岐点分析による財務体質の判断は、損益分岐点比率、もしくは経営安全率による。

　損益分岐点比率とは、実際の売上高に対する損益分岐点売上高の割合であり、この比率が小さいほど安全性が優れていることになる。

$$損益分岐点比率 = \frac{損益分岐点売上高}{実際の売上高}$$

　経営安全率とは、実際の売上高のうち損益分岐点（売上高）を超える金額（安全余裕額）が何％あるかを見る比率である。経営安全率は、大きければ大

きいほど収益力に余裕があり、売上高の減少や経費の増加があった場合にもある程度の利益を確保する収益体質を備えていることを示し、財務の安全性が高いことになる。

経営安全率 ＝ 1 － 損益分岐点比率

$$= \frac{実際の売上高 － 損益分岐点売上高}{実際の売上高}$$

①第42期固定費 ＝ 売上高 － （変動費 ＋ 利益）

       ＝ 1,800百万円 － （1,414百万円 ＋ 17百万円）

       ＝ 369百万円

②第42期限界利益率 ＝ 限界利益 ÷ 売上高

         ＝ （369百万円 ＋ 17百万円） ÷ 1,800百万円

         ＝ 21.444…％ ≒ 21.44％

③第42期経営安全率 ＝ 1 － 損益分岐点比率

         ＝ 1 － 損益分岐点売上高 ÷ 実際の売上高

         ＝ 1 － 固定費 ÷ 限界利益率 ÷ 実際の売上高

         ＝ 1 － 369百万円 ÷ 21.44％ ÷ 1,800百万円

         ＝ 1 － 1,721百万円 ÷ 1,800百万円

         ＝ 4.388…％ ≒ 4.39％

<u>正解　4）</u>

5 － 18　収益体質の比較

《問》 Aは、問題 5 －17で行った損益分岐点分析に基づき、Ｅ社の財務の安全性について分析した。Aが行った分析結果として、次のうち最も適切なものはどれか。なお、経営安全率の同業種平均は、4.4％である。

	第41期	第42期
売　　　　　上　　　　　高	1,560百万円	1,800百万円
変　　　　動　　　　費	1,234百万円	1,414百万円
固　　　　定　　　　費	311百万円	369百万円
税引前当期純利益（経常利益）	15百万円	17百万円
変　　動　　費　　率	□□□％	□□□％
限　　界　　利　　益　　率	20.90％	21.44％
損　益　分　岐　点　売　上　高	□□□百万円	□□□百万円
経　　営　　安　　全　　率	4.62％	4.39％

※問題の性質上、明らかにできない部分は「□□□」で示している。
1 ）Ｅ社の第42期の経営安全率は同業種平均よりわずかに低いため、Ｅ社の収益体質は同業種平均よりわずかに低いといえる。
2 ）Ｅ社の第42期の経営安全率が第41期と比べて低下したのは、変動費率、固定費双方が低下したことが原因であると考えられる。
3 ）Ｅ社の第42期の変動費率は第41期と比べて上昇したため、財務の安全性は低下（悪化）しているといえる。
4 ）Ｅ社の第42期の損益分岐点売上高は第41期と比べて高くなったため、財務の安全性は低下（悪化）しているといえる。

・解説と解答・

1 ）適切である。経営安全率は、その数値が大きければ大きいほど、財務の安全性が高いことを示し、売上の減少や経費の増加に耐えうる収益体質であることを表している。Ｅ社第42期経営安全率は4.39％で、わずかながら同

業種平均4.40％を下回った。したがって、E社の財務の安全性はわずかながら同業種平均より低いといえるが、問題視するほどのものではない。

2）不適切である。固定費が小さければ、経営安全率は高まり、財務の安全性が高まる。同様に、変動費率が小さければ、経営安全率が高まり、財務の安全性は高まる。E社42期の経営安全率は、41期の4.62％に比べ、0.23ポイント低下した。その要因は、変動費率が41期の79.10％から42期の78.56％に0.54ポイント低下しているが、それを上回る固定費増加があったためである。なお、変動費率は次の算式により求められる。

$$変動費率（\%）=\frac{変動費}{売上高}$$

3）不適切である。E社の変動費率は低下した。

4）不適切である。損益分岐点売上高が高くなったことだけで、財務の安全性の良否の判断をすることはできない。ただし、売上高が一定の場合では、損益分岐点売上高が高くなれば、財務の安全性は弱まる。

正解　1）

5－19　損益分岐点分析による予想利益

《問》Aは、損益分岐点分析からE社における第43期の予想利益を算出することにした。E社によれば、第43期の売上高計画は2,040百万円、変動費率は79.0％、固定費は405百万円の見込みであった。このとき、E社の第43期における予想経常利益として、次のうち最も適切なものはどれか。なお、答は百万円未満を四捨五入すること。

1）12百万円
2）23百万円
3）37百万円
4）42百万円

・解説と解答・

　一定の目標売上高を計画したときの予想利益は、下記の公式で算出できる。

利益＝目標売上高×（1－変動費率）－固定費

$\quad$＝2,040百万円×（1－79.0％）－405百万円

$\quad$＝428.4百万円－405百万円

$\quad$＝23.4百万円≒23百万円

正解　2）

5－20　総合判断

《問》問題5－1～5－19の結果を踏まえ、E社からの増加運転資金50百万円の申込みに応じるべきか否かの判断を行うために、Aがまとめた財務分析結果および見解として、次のうち最も不適切なものはどれか。

1）E社の第42期の総資産経常利益率は、同業種平均を上回ったことから、収益力に特段の問題はないものと判断されるが、時系列では低下傾向にある。

2）E社の第42期の負債比率は同業種平均より低いが、時系列では上昇した。これは、設備投資に伴って、長期借入金が減少したことが要因である。

3）E社の第42期の資金運用表から、増加運転資金を預金の取崩し、割引手形、短期借入金によって調達したことがわかる。また、第43期も増加運転資金が発生する見込みであることから、本件の申込みとなっている。

4）E社の第42期の経常収支表から、経常収支尻がマイナスであるため、その要因として考えられる売上債権の回収遅延等の可能性や、棚卸資産に不良在庫などが含まれている可能性を確認する必要がある。

● 解説と解答 ●

1）適切である。
2）不適切である。負債比率は、長期借入金の増加を要因に上昇している。
3）適切である。
4）適切である。

①収益力について

収益力を示す代表的指標である総資産経常利益率は、第42期において1.69％で、同業種平均1.56％より高い。その要因は、総資産回転率がわずかながら低いが、売上高経常利益率が高いためである。

一方、損益分岐点分析における財務の安全性では、経営安全率についてE社のほうが第42期4.39％で、同業種平均4.4％よりも0.01ポイント若干低い点が

あるが、問題視するほどのものではない。

②財務体質について

　安全性指標である株主資本（自己資本）比率は、同業種平均より0.7ポイント高い。また、負債比率は同業種平均比で勝り、長期借入金償還期間も6.8年であることから長期償還能力も認められる。

　負債比率は、長期借入金の増加を要因として上昇している。一方、固定比率、固定長期適合率は同業種平均比より劣っているものの、固定長期適合率が86.3％で100％を下回っていることから、長期の安全性に特段の問題はないといえる。

　短期の安全性では、流動比率、当座比率、現金・預金比率は同業種平均を下回っているが、E社の短期安全性諸比率の水準からは、短期安全性について当面問題はないものと思われる。

③問題点

　資金運用表、経常収支から読みとれるとおり、増加運転資金が102百万円発生している点である。これは、第41期から第42期にかけて、売上債権回転期間が0.29カ月、棚卸資産回転期間が0.15カ月それぞれ長期化したことが主要因である。また、売上債権、棚卸資産の各回転期間の水準は、同業種平均より、売上債権回転期間で0.18カ月、棚卸資産回転期間では0.13カ月長い。これらの状況からすると、回収不能の不良債権の発生、デッドストックの発生、粉飾などが懸念される。

　また、設備投資に伴う長期借入金の増加や増加運転資金の発生のため、割引手形、短期借入金が増加し、借入金負担が増加している点、長期償還期間が6.8年と7年の水準に近付いている点なども懸念材料である。また、第43期も収支ズレの拡大を主要因とする増加運転資金が発生し、本件の融資申込みに至っている。今後の収益の見通しによっては、借入金負担が過度なものとなることが懸念される。

　さらに、第43期の収支ズレが1.80カ月となり、第42期の収支ズレである1.68カ月より拡大する見通しにあることからも、売上債権の内容の調査や、今後の収益体質や財務体質改善の取組みなどをモニタリングしていくことが重要である。

　　　　　　　　　　　　　　　　　　　　　　　　　　　　<u>正解　2）</u>

2024年度版
金融業務3級　財務コース試験問題集

2024年3月13日　第1刷発行

　　　　　　　編　者　一般社団法人　金融財政事情研究会
　　　　　　　　　　　　　　　　　　　検定センター
　　　　　　　発行者　　　　　　　　　　加藤　一浩

〒160-8519　東京都新宿区南元町19
発　行　所　一般社団法人　金融財政事情研究会
販　売　受　付　TEL 03(3358)2891　FAX 03(3358)0037
　　　　　　URL https://www.kinzai.jp

本書の内容に関するお問合せは、書籍名およびご連絡先を明記のうえ、FAXでお願いいたします。　　お問合せ先　FAX 03(3359)3343
本書に訂正等がある場合には、下記ウェブサイトに掲載いたします。
https://www.kinzai.jp/seigo/

ISBN978-4-322-14410-9